データドリブン経営実践バイブル

DXグランドデザインの推進方法論

著 グランバレイ株式会社　鍜治川 修

東洋経済新報社

まえがき

日本のＤＸプロジェクトを救う解決策の提示

グランバレイ株式会社
鍜治川　修

まずはじめに、本書をお手に取ってくださった読者の皆様に、厚く御礼申し上げます。本書は、私にとって2冊目の書籍出版となります。いずれも、データ分析と活用、およびＤＸ（デジタルトランスフォーメーション）領域に特化した内容になっています。

なぜＤＸの領域で続けて書籍を出版するに至ったのか。それは、このＤＸというものは非常に難易度が高く、一筋縄ではいかない領域だからです。どういうことか、具体的に示してみましょう。

(1)DXプロジェクトのほとんどが失敗事例

DXプロジェクトは、単なるシステム導入だけでは実現することができません。導入するアプリケーションやサービス・技術のみならず、企業内におけるさまざまな業務知識、課題解決能力やデータ分析能力等のIT以外のスキルセットなども活用することで初めて、推進することが可能となります。しかし残念ながら現在は、そこを理解しないままスタートしてしまうプロジェクトがほとんどです。その結果、多くのDXプロジェクトが失敗に終わっています。私自身もこれまでに、数多くのDX案件に携わってきましたが、成功事例と呼べるものはごくわずかであり、そこには自責の念もあります。

(2)圧倒的な人材不足

いわゆる「DX人材」と呼ばれるような、DX領域を専門とする人材は圧倒的に枯渇しているという現状があります。企業はもちろん、ITベンダーやコンサルティングファームにおいてすら、そういった人材はほぼ在籍していません。仮にいたとしても彼らは引っ張りだこなので、新規のDXプロジェクトを進めるに当たってそのような人材を確保することは非常に困難な状況となっています。そのため、多くのDXプロジェクトでは、未経験者が手探りで進めざるを得ないというのが実情です。

(3)推進方法論の不在

世の中のＤＸプロジェクトがほぼ失敗事例となってしまっているということは、プロジェクト経験のある貴重なＤＸ人材の中に蓄積されたノウハウの多くが、失敗にもとづく間違った方法論に過ぎないことを意味しています。これではＤＸ人材の育成、普及には程遠いといえるでしょう。

通常、ＥＲＰ（Enterprise Resources Planning：企業資源計画）等の一般的なシステムの導入には正しい方法論ともいえる〝ベストプラクティス〟が存在するものですが、ことＤＸの領域においては、そうした正しい推進方法論が定着していないのです。

このような理由から筆者は、ＤＸの推進に当たって指針となるような内容を普及できればとの想いで書籍を制作いたしました。

前著『データドリブン経営の不都合な真実』（東洋経済新報社）では、ＤＸの導入が上手くいかない現状やその原因の分析、および問題点を提示させていただきました。ご興味のある方は、ぜひそちらもご覧いただけますと幸いです。

それをふまえて本書では、前著で指摘した問題点に対する解を提示しています。ＤＸ推進をどのように行うべきか、効果的に進めるためのポイントは何かなど、わかりやすく取りまとめました。当初は、問題点と最適解の両方を1冊の書籍にまとめて出版する予定でしたが、読者にお伝えしたい内容が多く、2冊に分けての出版となった次第です。

もしかしたら、1冊目を読まれた方の中には、最適解の提示がないと思われた方もいらっしゃるかもしれません。本書こそが、その解になります。

DXにかかわる企業の担当者の方や、DXを推進するITベンダー、コンサルティングファームの方々には、本書をぜひ、DXグランドデザインの推進方法論における〝デファクトスタンダード〟としてご活用いただければと思います。

また、本書はDXの推進担当者だけではなく、ぜひ経営層の方にもお読みいただき、自社の経営におけるあるべき姿を検討されるうえで、参考にしていただければ幸いです。

本書が、企業の競争力を高める一助となることを切に願います。

目次◉データドリブン経営実践バイブル――DXグランドデザインの推進方法論

第2章

DX導入の失敗事例考察 59

序章

DXプロジェクトを成功に導くために

２０２２年11月にアメリカで公開された人工知能チャットボット「ＣｈａｔＧＰＴ」をはじめ、生成ＡＩに関する議論が国や行政、産業界を含めて活況を呈している。それだけではない。老若男女を問わず、世間話においてもこの話題が日本中を覆っている。ちなみに、ＧＰＴの語源はGenerative Pre-trained Transformer（生成可能な事前学習済み変換器）。つまり、学習すべき「データ」の存在なくして、生成ＡＩは成り立たないのである。

その中にあって、いまや飛ぶ鳥を落とす勢いの「ＤＸ」というバズワードもまた、ＡＩ、ビッグデータ、ＩｏＴ（Internet of Things）といった最新のデジタルテクノロジーとともに世間をにぎわせている。こうした過剰ともいうべき反響に、やや食傷ぎみな印象を抱く人も少なくないのではないだろうか。「ビジネス構造の変革」というＤＸの目的がおざなりにされて、本来、その手段に過ぎないはずのテクノロジーやツールばかりがクローズアップされているからだ。地に足のついた議論とはいえそうにないプロセスを見ていると、ＤＸの導入がもたらす成果についても、残念ながら、はなはだ心許ないといわざるを得ない。

じつは本書の副題に、あえてＤＸという言葉を入れたのには、確固たる理由がある。独り歩きしてしまっているＤＸという言葉を、本来、あるべき場所に戻さなければ、失敗事例が続出するように思えて仕方がないからだ。それは、懸念というよりも危惧に近い。

実際に、これまで「ＤＸ投資」と騒がれてきた領域は、ほとんどがソフトウェア製品やクラウドサービス等、中身のない「ハコモノ」の提供であった。それらが成功事例として紹介されて、多くの企業が「右へ倣え」でデジタルテクノロジーの導入に必死になっている。「手段ありき」のＤＸでは、その効用には限界があり、変革とは程遠い。ビジネス構造の変革を促すためには、データに着目して目的・目標に向かっていくスタンスが不可欠だ。いうなれば、本書の表題にある通り、データドリブンな経営管理の実現である。その環境を整え、それを継続的に実践していくことこそＤＸの第一歩である。当社が過去のＤＸプロジェクト事例を考察しデータドリブン経営の本質を探るべく執筆をしたのが前著『データドリブン経営の不都合な真実』である。

2冊目である本書では、「ビジネス構造の変革という本質に近づく方法論」とは何かをテーマに、企業が目的・目標となるゴールに向けて、継続的に課題解決を図っていくための手段をＤＸの定義とし、その方法論について述べていく。ＤＸプロジェクトにおいては、導入はゴールではなく、あくまでもスタートラインとなる。従来型のＩＴが実績データを正確に積み上げることをめざしてきたのに対して、データドリブン経営ではデータをいかに活用して未来を志向するかが前提となるからだ。

本書はこれからＤＸ導入に臨む方々に対して、ＤＸの本質に対する理解を促し、ＤＸプロジェクトを成功に導くための指南書として提案したい。いずれも、常に中立的なスタンスを貫いてきた中で、当社が培ってきたベストプラクティスであると自負している。その規模は、プロトタイプ開発を基軸とする小規模なプロジェクトから、導入期間が1年前後の中規模プロジェクト、数年を要する大規模プロジェクトまでさまざまであろう。また、それぞれ達成すべき目的・目標が異なれば、難易度も違ってくる。

それでも、いずれのプロジェクトにおいても、共通する重要な要素がある。経営管理に必要とされるデータを抽出して、必要なタイミングで「見える化（可視化）」することだ。つまり、ゴールとなる実現目標を明確化して、その達成に向けて必要となるＫＰＩ（Key Performance Indicator：重要業績評価指標）を継続的に把握分析し、経営の意思決定や現場のアクションに昇華させるのである。

本書を通じて、改めてＤＸの本質に向き合うことで、ＤＸプロジェクトを成功へと導き、企業や社会の発展につなげていただけることを切に願っている。

第1章

DXグランドデザイン概要

ＤＸグランドデザインの本質とは

　ビジネスパーソンであれば、一度は「グランドデザイン」という言葉を耳にしたことがあるはずだ。「全体構想」と訳されることが多いが、経営などにおいて大規模かつ長期的に行う事業の基礎となる計画や設計のことである。

　企業において、この「グランドデザイン」が最も重みをもつのは、ＩＴに関わる領域だろう。その呼称は、ＩＴグランドデザイン、基本構想策定、システム化計画など多々あるが、本書ではＤＸを構築するためのグランドデザインとして「ＤＸグランドデザイン」という言葉で説明する。とくにＤＸ推進の意義と重要性を中心に説いていきたい。

　昨今では経営改革の一環として、どの企業でも「全体最適」の議論がなされてきた。これは経営や組織運営の場面において、企業や組織が抱えるシステム全体が最適化されている状態にあることを意味する。組織は複数の部門から構成されており、それぞれの部門が固有の目標に向かっている。そのため、これまでのシステムは部門単位での業務の実行・遂行に即した「部門最適」という考え方に主眼が置かれてきた。

それが「全体最適」に目が向けられるようになったのは、やはり企業が社会・経済環境の変化に対応していくために、部門の業績を高めるのみならず、企業全体のバランスに配慮しながら、企業ないしは企業グループの中長期的な展望に立った経営を行う必要があるからだ。

この考え方は、先行きが不透明なVUCA（ブーカ：将来の予測が困難な状態）の時代を迎えて、ますます重要性を増している。そこで問われているのが「DX」、すなわちデータの分析と活用を通じて経営の舵取りを行う「データドリブン経営」だ。「全体最適」の考え方を一歩進めて、データにもとづく意思決定やアクションに反映させていく方法論が求められている。

ところが、基幹システムをはじめとする業務システムの構築・改修における「全体最適」の議論は、多くの場合、異なる方向に向かっている。自社に求められている「全体最適」像を検討・議論する以前に、「限られたIT予算の中で、いかに投資予算を適切に配分するか」が主たる命題となってしまっているのである。

その状況を変える起爆剤となり得るのがDXである。経済産業省が2018年9月に「2025年の崖」という衝撃的なワードを定義したDXレポートでは、「レガシーシステム」と称される老朽化したITシステムからの脱却が企業の生き残り戦略に不可欠であることを示唆している。この強力な言葉が経営者たちの危機感をあおったのか、大企業を中心として、ＤＸを合言葉にＩＴ予算の増額・見直しが進んでいる。

しかし、ここで注意したいのは、ＤＸの真の意味だ。本来、「変革」という目的が内包されているが、ここへのアプローチがおざなりにされて、「手段」であるはずのＤＸが、デジタルツール導入という単なる「目的」にすり替えられていると筆者は考えている。

ＤＸを変革の「手段」として位置づけるならば、「変革後の姿」を明確化することが不可欠となる。その命運を左右するのが、「変革」の構想を描く「ＤＸグランドデザイン」なのだ。

そこで、ＤＸを成功に導くための「ＤＸグランドデザイン」の方法論をこの章で整理していくことにする。

ＤＸグランドデザインとは、「目的（Ｗｈａｔ）」を決めることである

近年、「デジタル」というお題目には格別な効力があるようで、ＤＸやデジタルを標榜すれば社内の予算稟議が通りやすくなるといわれる。また、株主への配慮なのか、上場企業の中期経営計画には、必ずといってよいほどＤＸの文字が躍っている。

そうした風潮もあって、当社に対するＤＸ関連のご相談も急増している。当社にとってはありがたいことであるが、「目的があいまい」「デジタルツールありき」で、ＤＸによって何をどう変革したいのかなど、不鮮明な相談が少なくない。

昨今は一般的なメディアでもＡＩやＩoＴ、ビッグデータといった言葉を目にしない日はないほどで、ＩＴ専門メディアの一部では「ＩＴ＝レガシーシステム」と決めつけているような印象さえ受ける。その流れでＤＸこそ正義といわんばかりの論調の中、経営層は何はともあれＤＸに着手すべきと考えるのも無理はないだろう。

しかしＤＸの基本の〝き〟はデータにある。当然ながら、ＩＴの正統派ともいえる基幹系システムやさまざまな業務システム、コミュニケーションツールなどから、データが生成され、蓄積されている。これらもまた、ＤＸを推進するうえでは不可欠な要素なのだ（図表１−１）。このような背景をふまえて、本書では改めてＤＸグランドデザインの基本を確認しておきたい。

まず、第一歩は「目的（Ｗｈａｔ）」を決めることである。

デジタルにせよ、ＩＴにせよ、その本質は業務課題や経営課題を解決するための手段である。ところが、昨今のＤＸやＩＴプロジェクトを見てみると、手段が目的化しているケースがあまりにも多い。

図表1-1　データドリブン経営の流れ

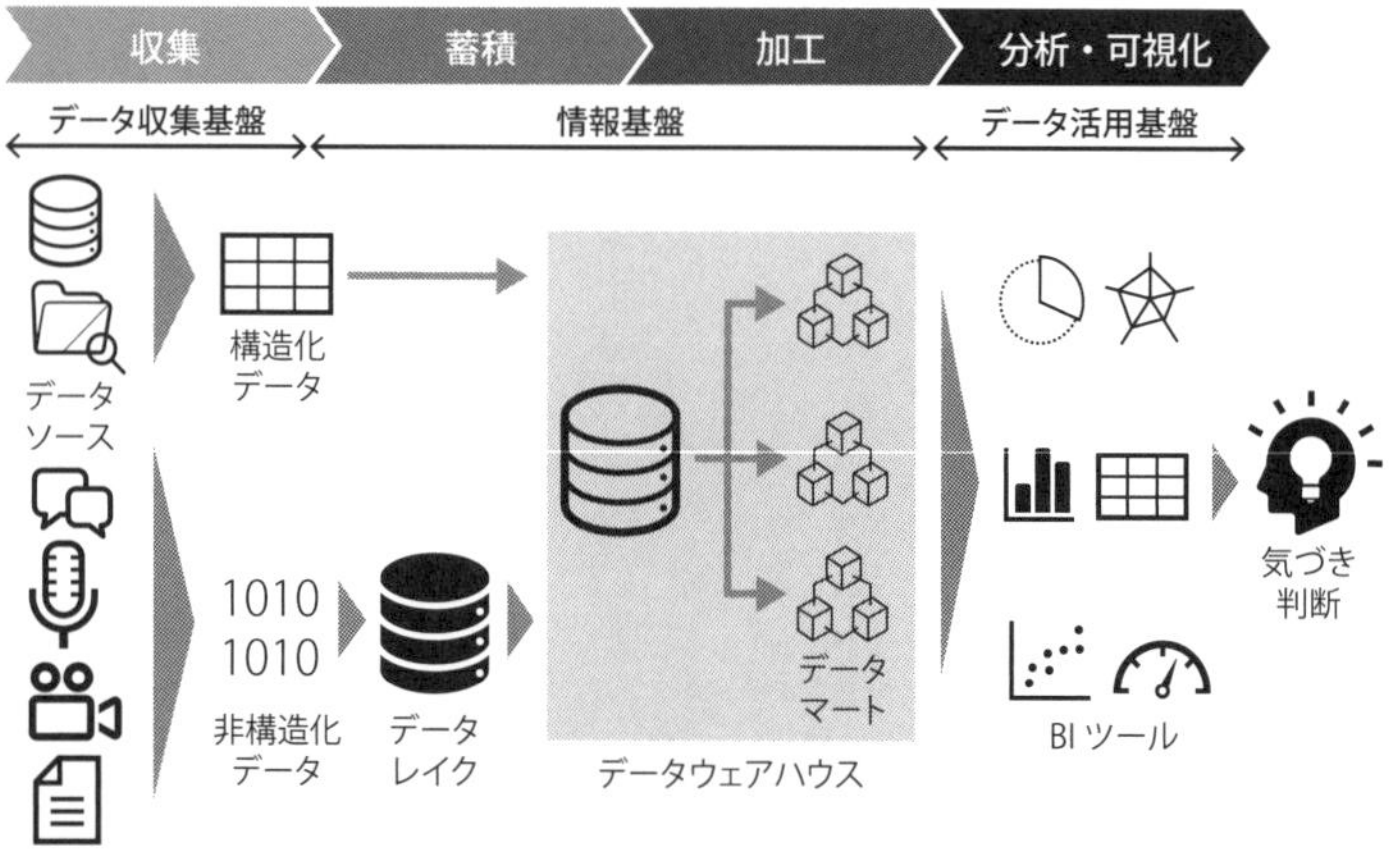

これらのプロジェクトが目的を定義しないままデジタル技術やツールの導入を前提にしているということは、結局のところ、その技術やツールの範囲内でしか「何か」を達成できない、ということになる。その「何か」は、不確かであやふやなものである。

また、全体最適を見据えた予算配分の最適化やＲＯＩ（Return on Investment：投資収益率）の最大化も、目的が明確化されていなければ実現は難しい。目的が不鮮明な状況では、全体最適もＲＯＩも絵に描いた餅に過ぎないのである。

ＤＸやＩＴプロジェクトについて考えてみよう。目的があいまいなままに進められるプロジェクトでは、トラブルが頻発する。そもそも、目的とは、プロジェクトに参加するすべてのスタッフが共有するテーマであるはずだ。共通のテーマが見えない状態では、立場の違いによる意見の相違を埋めることができず、それぞれの主張がぶつかり合うことになる。その結果、コミュニケーション不全を招くほか、プロジェクトの意義や正当性を示すロジックを打ち立てることもできない。

たとえば、スケジュール遅延やトラブルが発生し、原因が究明できないとき、さらに時間とコストを費やしても解決に取り組むべきなのか、それともひとまずその案件から離れて次のステップに進むべきかなど、難しい判断を迫られることは日常茶飯事だ。

そうした場合に判断の指針となるのが目的である。仮に、直面している課題が解決されない限り目的が達せられないのなら、時間とコストを費やしてでも徹底的に解決すべきだろう。しかし、その課題が目的の達成に大きな影響を与えないのであれば、次のステップへ進むべきだ。目的が明確であればこのような判断ができる。目的があいまいなままでは、それすら判断できず、コストや納期を優先してしまい、大局的な判断を誤ってしまう可能性が高くなるだろう。

こう考えると、「はたしてDXは必要なのだろうか」という前提をまず議論することが、いかに肝要であるかということがおわかりいただけるはずだ。目的があいまいな状態でプロジェクトに着手しても、業務課題も経営課題も解決できない可能性が高い。何らかの仕組みはできるかもしれないが、目的が不明瞭なプロジェクトが生んだ仕組みなど、やがて形骸化するのは明らかである。

あえて指摘するならば、すべての会社がＤＸを導入する必要はないのである。中小企業も零細企業も、あらゆる企業がＤＸに取り組まなければ時代に取り残されてしまうかのように喧伝されているが、ＤＸの導入そのものが目的化しているプロジェクトにはほとんど意味がないと認識すべきだろう。そう、ＤＸはあくまで手段の１つでしかないのだから。

ＤＸプロジェクトにおける「実現目標」の必要性

あいまいな「目的」設定ではＮＧとなる理由

ＤＸを導入する目的の多くは、経営課題を解決することにある。おそらくＤＸ導入のプロジェクトがスタートする時点では、ほぼ例外なく、何らかの経営課題解決にかかわる目標が掲げられているはずだ。当初からテーマをもたないプロジェクトなど、あり得ない。にもかかわらず、本来、手段であったはずのＤＸ導入が目的化してしまうのはなぜだろうか。

原因として考えられるのは、設定された目標そのものの不備である。つまり、目標が目標として機能していないのだ。実際、これまでＤＸ導入の現場を数多く見てきたが、導入が難航したり、期待されたほどの成果が得られていないプロジェクトの多くは、明確な目標設定ができていなかった。何を実現したいのかがあいまいで、一種のスローガン止まりのケースが少なくなかったのである。

そうした機能しない目標の代表例は、次のようなものだ。

①全社共通の情報分析基盤の実現
②データ民主化の実現
③変化対応力を高める柔軟なＤＸ基盤の実現

いずれも、一見、目標らしい体裁は整えているものの、ＤＸの解説書などに見られるような一般的な概念でしかない。①は、手段が目的化してしまった典型例だろう。情報分析基盤という手段を実現することが目的とされており、それを活用して何を実現するのかという本来の目的には触れられていない。

また、②も立派な理念は示しているが、どういったデータを誰に対して公開するかが不明確で、データ民主化によってどのような経営課題の解決をめざすのか、という肝心のテーマが忘れられている。

③の問題点は、柔軟に対応すべき「変化」が具体的に示されていないことである。いわゆるＶＵＣＡの時代を見据えているとしても、どのような変化を想定しているかによって企業の対応は異なるはずだ。また、業種や業態によっても対応の仕方が違うとすれば、変化をある程度、具体的に定義しておくべきだろう。たとえＢＩ（Business Intelligence：ビジネスインテリジェンス）ツールを導入しても、こういったあいまいな目標設定では分析軸さえ定まらないに違いない。

まずはバズワードの呪縛から解放する

このように、具体性を欠いた概念的なスローガンが目標として掲げられてしまう原因には、いくつかの要素が考えられるが、その大きな要素の1つがＤＸに対する幻想にある。デジタルシフトが国策とされ、それをメディアが囃し立てる状況の中で、ＤＸというフレーズそのものが空虚なバズワードとなってしまったのだ。バズワードとは、ブンブン飛ぶ虫の音(buzz)のように耳障りな言葉という意味である。ＤＸに背を向けることは時代遅れの愚行だといわんばかりの情報が氾濫し、まるでＤＸが万能薬であるかのような幻想が形づくられてしまった。

なかでも、その傾向が顕著なのは、ＩＲや中期経営計画である。いまやＤＸという文字が見当たらないＩＲ資料や中期経営計画書は、ほとんど存在しないのではないだろうか。ＤＸをトレンドとしてとらえるだけで、その本質に対する理解が不足している企業では、数年後の中期経営計画には、ＤＸに代わってＡＩとＣｈａｔＧＰＴという文字が登場するに違いない。ＤＸをバズワードで終わらせないためには、自社における課題とアクションを冷静に把握することが肝要だ。その礎として、実現目標の策定が求められている。

ＤＸプロジェクトにおける「実現目標」の定義

実現目標とは、企業が実現すべき目標であると同時に、実現可能な目標でもある。企業が実現すべき目標とは、いうまでもなく経営課題に直結する「あるべき姿」を追求していくことであり、経営課題の解決策を提示できることである。

ただし、実際にこの2つの要件を満たした実現目標を策定することは容易ではない。とくに、DXプロジェクトにおいてはなおさらだ。DXは直接的に損益計算書（P／L）にインパクトを与えるものではないからである。

多くの場合、経営者はP／Lの観点から投資を行うかどうかを判断する。要は、コスト削減と売上増加のいずれかに対する寄与が認められなければ、投資を決断しにくいのである。投資を行い、情報基盤とデータ活用基盤が構築できたとしても、データを活用するフェーズを経なければ、コスト削減も売上増加も実現しない。そうした点で、DXは従来の基幹システムや業務システムとは位置づけが異なっている。

以上のことをふまえて、DXプロジェクトにおける実現目標の定義について考えてみたい。

「実現目標」において、DXはKGIを超える？

本書の定義する実現目標は、多くの企業で用いられるKGI（Key Goal Indicator：経営目標達成指標）／KPIとは少し解釈が違うことに言及しておきたい。経営や経営課題には、指標として数値化できない要素が多分に含まれているためだ。

「データドリブン経営」という言葉に象徴されるように、データは蓄積し、分析することで「可視化」され、経営へ活用できるようになる。データ由来であれば、定量化・数値化されていなければならないように感じる読者もいるかもしれない。しかし、じつはそんなことはない。むしろそういった方法では、限定的なデータ活用に陥る恐れすらある。

企業において、重要指標にもとづいた経営課題は重要なミッションの1つで、それをクリアすれば、業務の改善やマネジメントの精度向上には寄与するかもしれない。しかし、そこに人間の知見や経験が加味されなければ、経営やビジネスに変革をもたらす根本的な解決には至らないはずだ。経営には数値化できない定性情報が必ず内包されている。つまり、定量化されたKGI／KPIだけでは、経営課題を的確に解決することはできないのである。人間のインサイト（洞察）がそこで重要な役割を果たす。

DXは可視化されたデータで分析と活用を行い、それを通じて試行錯誤する環境を提供してくれる。その結果として、さまざまな分析レポートをはじめとする定性情報の精度を向上させ、新たな気づきを与えてくれる。さらにそこに人間の知見や経験に紐づくインサイトが付加されることで、仮説・検証にもとづく本質的な課題解決のアプローチができるようになる。このように、定量情報に依存せず、定性情報の質的向上をふまえて、企業内のインサイトを高めるサイクルを創出することこそ、DXならではのポテンシャルといえる。

その意味において、DXにおいてはより高みをめざした実現目標の設定も可能だ。これは、従来のＫＧＩではなし得なかったことである。

ＤＸにおける「実現目標」で示すべき効果とは

実現目標を設定したら、次に、ＤＸが企業において、どのような効果やインパクトをもたらすべきなのか、きちんと精査する必要がある。

システム化の検討・導入に当たって、常に議論の的となるのは、ＲＯＩである。費用対効果ともいわれるが、要は投資額に対して、どれだけ利益の増加や損失の低減が図れるかを算出する指標のことだ。

投資する以上、経営層がより具体的なリターンを求めるのは当然だ。ＥＲＰの導入に際しても、このＲＯＩが問われてきた。「ガバナンス強化・リスク低減効果」「業務効率化にともなう生産性の向上や人件費の削減」「システムライフサイクルで発生する費用」などを切り口として、Ｐ／Ｌを意識した経営者目線での予算設定に頭を悩ませた経験のある方も少なくないだろう。

では、費用対効果の検証は徹底されているのだろうか。おそらく、詳細な検証を行っているケースは、そう多くはないだろう。その背景には、「カットオーバーの呪縛からの解放」

がある。最初に掲げた納期・予算の厳守が、いつしかシステム導入の目的であるかのように考えられてしまい、無事にカットオーバーができると、その呪縛から逃れられたという安堵感から検証がおろそかにされるのだ。定量的な計測が難しいことに加えて、すでに導入した段階で導入前との比較を行っても、あまり建設的ではないという考えもあるのかもしれない。

それでも、ＥＲＰをはじめとする基幹システムは、安定稼働さえできていれば、少なくとも日々の業務を支えているといえよう。その意味で、プロジェクトメンバーがカットオーバーを大きな節目ととらえるのも不思議ではないが、ＤＸプロジェクトにおいては事情がまったく異なってくる。ＤＸの場合、カットオーバーした時点では、システムは中身のない単なる「ハコ」に過ぎない。インストールされたばかりのＥｘｃｅｌに白紙しか表示されないのと同じように、運用や活用を通じて、徐々に成果物が蓄積されていくことで効果を表す。

となると、ＤＸプロジェクトにおいて重要となる実現目標の効果を示すのは非常に難しい。前述したＲＯＩをはじめ、ＤＸプロジェクトではＰ／Ｌにフィットする指標が皆無に等しい。データの「可視化」ないし分析と活用は、財務的なリターンを得られないことがほとんどであるため、投資額をどのくらい回収できるかさえ算定できない。

しかし、データの分析と活用を積み重ねていくことによって、徐々に「期待される効果」が表れてくることも間違いない。そこで本書では、あえて「期待効果」という言葉を使って、

ＤＸの効果を探っていく。

「期待効果」の訴求方法

ここまで述べた通り、ＤＸはＰ／Ｌに対して、直接的にインパクトを与えるものではない。しかしながら間接的なインパクトを与えることはできる。それが、本書でいう「期待効果」である。期待効果は定性的な情報として提示することになるが、そのポイントは次の３つだ。

①拡張計画を含めた中長期的展望

ＤＸは導入がスタートラインになる。情報基盤やデータ活用基盤の構築ができたとしても、カットオーバー直後はデータが入っていないため、期待効果はゼロのままだ。そこで必要になるのが、ロードマップの考え方である。つまり、目標達成のための中長期的な道筋である。ＤＸにおいて実現目標が重要な意味をもつのも、そのためだ。ここでは、少なくとも３～５年程度先までの展望が必要となる。データが蓄積されていくプロセスやそれにともなって拡充される分析の範囲、分析と活用を実施するエンドユーザーのスキル向上などを時系列でとらえ俯瞰することが、期待効果において重要となる。

②スモールスタートの発想

Ｐ／Ｌにフィットしないと、ＤＸに対する大規模な投資を提案しても、経営者は決して頷かない。そこで求められるのが、小さく始めて大きく育てる「スモールスタート」の発想だ。試行錯誤しながら、徐々に効果が見込める領域を拡張していくというスタンスで臨むことである。その中でステークホルダーを巻き込みながらメリットを徐々に浸透させていけば、ＤＸのメリットについても理解が深まるはずだ。

最近では、新たなアイデアやコンセプトの実現可能性、その効果などを検証するＰｏＣ（Proof of Concept：概念実証）という概念も定着しつつある。ＰｏＣを含めて、実現目標の手立てを探っていくことも、ＤＸならではのアプローチといえよう。

③外部コンサルタントの活用

期待効果の構想・策定に当たっては、実現すべき目標と実現可能な目標の乖離を把握することも重要だ。その際には当然、社内で検討することも必要だが、現実的には限界がある。そこで、外部コンサルタントの豊富な知見を活用して、世の中の動向や潮流をキャッチすることもポイントとなる。

とくに、稟議に際しては外部コンサルタントの第三者的なスタンスが重要になることも多い。彼らはトピックが豊富でトレンドにも敏感なため、説得力のある提案書やプレゼンテーション資料の作成に一役を担うだろう。

DXにおける「実現目標」の抽出方法

定量化が難しい期待効果といえども、やはり実現目標の策定では経営課題を見据えて、解決すべき課題に寄り添うことが肝要だ。では、自社にとっての経営課題はどう見きわめればよいのか。ここでは、実現目標を抽出するための3つの方法を提示する。

その中心を担うのはプロジェクトの責任者やプロジェクトマネジャーである。最近では、複数のプロジェクトのガバナンスや整合性を担保したり、プロジェクトを部門横断で進めていくために、ステアリングコミッティという運営組織やPMO（Project Management Office）と呼ばれる専門セクションを設置するケースも増えている。これらの組織にはコンサルタントが参加するケースもあるため、社外の人材も視野に入れ、役割分担を決めてもよいだろう。

①中期経営計画

実現目標を設定する際、最も手っ取り早いのは中期経営計画から抽出する方法である。中期経営計画が整っていない企業でも、それに代わる何らかの計画が設定されているはずだ。多くの場合、そこには実現目標になり得るようなフォーカスしたいテーマが掲げられている。近い将来にめざすべき自社のあり方や売上目標など、計画に掲げられたテーマからエッセンスを抽出すれば、比較的、容易に実現目標にたどり着くはずである。

②役員ヒアリング

手法としては第3章に後述する「As-Is分析」におけるヒアリングと似ているが、ここでの主な対象は経営層になる。もちろん、現場のスタッフに対するヒアリングでも課題は抽出できるが、その多くは経営課題ではなく業務課題となる。したがって、経営課題のことは直接、経営陣にヒアリングするべきだろう。

ヒアリングの対象となる役員はキーパーソンとなり得る役員が望ましい。多くの場合、それはビジネスの本筋にかかわるCEO（Chief Executive Officer：最高経営責任者）、COO（Chief Operating Officer：最高執行責任者）、CFO（Chief Financial Officer：最高財務責任者）であるはずだ。

近ごろはCxO（Chief x Officer）という形で担当領域に応じて役員を設置する企業が増えて

おり、ＣＩＯ（Chief Information Officer：最高情報責任者）、ＣＴＯ（Chief Technology Officer：最高技術責任者）、ＣＤＯ（Chief Digital Officer：最高デジタル責任者）などさまざまなポストがあり、それぞれが担う役割も重要性を増している。しかし、こういったテクノロジー領域を担当する役員へのヒアリングでは、経営課題というより、自らが担当する専門分野での課題にフォーカスしがちだ。とはいえ、それこそが経営課題の本質と密接に関連している場合もあるため、ヒアリングの対象とするかどうかはケース・バイ・ケースといえよう。

ちなみに、この役員ヒアリングにおいては顕在している課題だけでなく、潜在的な課題をいかに抽出できるかも重要となる。そのあたりに長けているのは、次に挙げる戦略コンサルタントやビジネスアナリストだ。

③戦略系コンサルティングファーム（戦略コンサルタント／ビジネスアナリスト）の活用

「構想策定」においては外部コンサルタントが主軸になると紹介したが、実現目標をサポートするのは主として戦略コンサルタントとビジネスアナリストである。戦略コンサルタントは企業の戦略策定を支援する立場で、ビジネスアナリストは基本的に市場調査をメインの業務としている。ただし、最近ではビジネスアナリストが戦略的な領域に踏み込むケースも見られ、マーケットに対してどのような手を打つべきか、といった提言を行う場合も少なくない。彼らの選定に際しては、自社や業界に対する理解の深さや経営陣との相性などにも配慮したい。

戦略系コンサルティングファームという社外の第三者を活用することのメリットは大きく、場合によっては自社の誰も気がつかなかったような潜在的な課題が発見されるケースもある。ただし、そのコストは通常、業務コンサルタントよりも高額に設定されており、メインコンサルタントのほかに、サブコンサルタントを含めた数名で担当するケースが多いため、契約期間が長期にわたる場合は億単位になることもある点は、あらかじめ知っておくべきだろう。

売上高1兆円規模の企業は、傘下にある数百から数千社もの子会社、関連会社に対してリーダーシップを発揮することが求められている。グローバルの視点でグループ全体を見据えた経営課題の解決に取り組むことになるため、各社の業務に精通した人材を社内に求めるより、戦略系コンサルティングファームに依頼するほうが効率的なのである。

依頼するに当たって課題もある。それはコンサルタントが対価に見合ったアウトプットを示してくれるのか、という点だ。その人材がテクノロジーや具体的な業務に精通していない場合は、現実からかけ離れた壮大なビジョンを実現目標として設定してしまいがちである。しかしそうしたビジョンは経営層に喜ばれやすいため、あまり深く検証されないまま、トップダウンで決まってしまうことも少なくない。

したがって、そうした場合には、立案された実現目標の検証が重要である。そのプロセスを軽視すると、プロジェクト自体が迷走してしまう可能性が高い。

実際、これはある企業の例だが、戦略系コンサルティングファームが製品ライフサイクル管理の「見える化」をテーマとして壮大なアウトプットを取りまとめ、それを実現目標としたケースがあった。BIツールを駆使して「見える化」を実現しようというプロジェクトである。新たなKPIを設定し、経営コックピットの仕様まで決まっていたのだが、実装に差し掛かった段階で、その企業には分析に必要なデータのほとんどが欠落していたことが判明し、プロジェクトが頓挫してしまった。

このような失敗を防ぐためにも、経営トップに対するプレゼンテーションの前段階で戦略系コンサルティングファームと綿密に連携し、実現目標の検証の方法まで確認しておく必要がある。

実現目標の抽出を行うに当たっては、第4章に一般企業、主に製造業における各業務単位で想定される課題とソリューションについて言及しているので、ぜひ参考にしていただきたい。

「実現目標」におけるDXとERPの微妙な関係

次に、実現目標とシステム課題の整合性について考えてみたい。

実現目標が経営課題に寄り添うものだとすれば、経営資産の4大要素（ヒト・モノ・カネ・情報）の1つである「情報」に深くかかわるシステム課題を解決することこそ、一見、実現目標になり得るように思われる。ところが、実際にはそうなっていないのはなぜだろうか。それは、顕在化しているシステム課題とは、システムの老朽化やサポート保守切れ、パフォーマンス劣化といったものであり、これらを解決したところで経営に資するような新たな価値を生まないからである。

たとえば、超高齢化社会にともなう労働人口の不足などへの懸念から、いわゆる「2025年問題」がクローズアップされているが、システムの領域でも別の「2025年問題」が危惧されている。主な背景としては、①基幹システムの老朽化（レガシー化）、②既存システム（レガシーシステム）の保守・運用ができるIT人材の不足、③「SAP ERP」をはじめとするメインストリーム製品のサポート終了、などが挙げられており、経済産業省の「DXレポート（2018年発表）」では「2025年の崖」と呼ばれている。

ところが、こうした課題は必ずしもＰ／Ｌには直結しないため、経営層からは「投資対効果に見合わない」と判断されがちだ。事実、ＥＲＰをアップグレードする稟議が通らなかったり、通っても凍結されてしまったりするケースがよく見られる。老朽化したシステムを単純にモダナイズしても、経営はおろか業務改善に寄与することすらほとんどないからだ。多くのケースでＥＲＰのアップグレードが単なるモダナイズで終わっているのは、ＥＲＰには下位互換性が担保されているため、従来の機能やサービスがそのまま利用できるからである。

一方、従来のＥＲＰでアドオン開発した機能が、新バージョンでは標準機能として提供されているケースもある。その場合、単純モダナイズではパフォーマンスが向上することはあっても、新たに付加された標準機能を使えないままアドオンを使い続けるという本末転倒なことが起きる。

また、ＳＡＰ社では現在、開発言語をＡＢＡＰ（ＳＡＰ独自のプログラミング言語）から最新言語に移行しようとしている。その際にＡＢＡＰで開発されたアドオンが残っていたままだと、よりデータ分析と活用に最適化された言語になったとしても、そのメリットを享受できない。それればかりか、製品保証すらされなくなる可能性もあるのだ。

しかも、アップグレードには数億円規模の投資が必要になる。そう考えると、まずは業務プロセスの標準化などに着手して、それからアップグレードならではの機能強化を享受したほうがよいと判断しても不思議はない。

単純モダナイズの発想は、業務改革にも影響を及ぼす。基幹システムの刷新は現在、ベストプラクティスとされるＥＲＰパッケージの標準機能を最大限に活用する「Fit to Standard」が当たり前になりつつある。しかしＥＲＰ導入の草創期ともいえる１９９０年代の日本企業では、自社の業務にカスタマイズして導入する「Fit and Gap」という方法が主流であった。

それが「Fit to Standard」へと移行しているのは、短期導入や低コスト化という話もあるが、やはりＤＸへの期待感が込められているからだろう。データ中心のアプローチとなるＤＸにおいては、システムが肥大化し、ガラパゴス化している「Fit and Gap」ではデータの抽出と収集にさまざまなハードルが生じる。「Fit to Standard」はまさしくＤＸ時代に求められるＥＲＰ導入手法といえるだろう。

最悪のシナリオは、「２０２５年の崖」や「レガシーシステムからの脱却」といった言葉に危機感をあおられて、実現目標があいまいな状態で不用意にシステム刷新を図ろうとすることだ。たしかに、レガシーシステムやバージョンの古いＥＲＰを放置した状態でＤＸに取り組むのは得策とはいえない。しかしながら、明確な実現目標がないまま見切り発車でＤＸに取り組んでも、プロジェクトは頓挫する可能性が高い。実現目標の策定は、ＤＸ導入に当たって避けては通れない第一歩なのである。

「実現目標」の策定方法とそのポイント

「実現目標」で求められるアウトプットとは

ＤＸにおいて実現目標が重要である理由は、それなしではどんなにすぐれたテクノロジーも、本来の効果を発揮しないことにある。いうまでもなく、ＤＸを導入すれば自動的に経営課題が解決されるようなことはあり得ない。ＤＸに期待されるのは、経営状態をデータとして可視化することである。そこから経営課題を抽出し、その解決策を見出す作業をするのは、あくまで人間なのだ。したがって、実現目標というゴールが設定されていなければ、ＤＸは無目的にアウトプットを生み出すだけのツールになってしまう。無目的なアウトプットが経営課題の解決に役立つはずはない。

最近ではＣｈａｔＧＰＴをはじめとする生成ＡＩが世間をにぎわせているが、生成ＡＩにどのような設問を投げかけても、現時点において、経営課題の解決につながることはない。インターネット上の雑多なビッグデータから学習して判断材料のベースにしている

ChatGPTのアウトプットには、「確からしさ」の根拠がないからだ。信頼に値するかどうかも判然としないアウトプットをもとに重大な意思決定を下すことはできないだろう。

これに対して、DXが得意とする可視化（見える化）とは、正規性が担保されたデータを客観的なファクト（事実）とすることで、分析を通じて人間が理解しやすい情報に変換することだ。さらに、人間がその情報を精査することによって知識や知見、インサイトが生まれ、判断や意思決定へとつながっていく。この一連の流れを支援する仕組みこそ、DXの基本であるといっても過言ではない。

「期待効果」の定義方法と稟議の通し方

前述の通り、定量的なROIが望めないDXプロジェクトの推進では、定量情報を基軸として中長期的展望を含む期待効果を示し、徐々に規模と効果を拡張していくことが肝要だ。当然、期待効果のターゲットとなるテーマは、経営課題の解決につながる実現目標である。

ただし、役員ヒアリングなどを通じて指摘される経営課題は山ほどあり、それらを一気に解決することはできない。そこで、実現目標を設定する際には何から着手すべきか優先順位を考える必要がある。そのうえで、期待効果を定義する、という順序が必要になる。

また、一口にDXプロジェクトといっても、大小さまざまなプロジェクトが想定される。前述した「スモールスタート」に着眼するならば、プロトタイプ作成やPoCから始めて、検証しながら本番へ移行していくという方法もある。

一方、情報基盤とデータ活用基盤の構築などをともなう場合は、やはりそれなりの規模となるため、稟議を通すことが前提となる。

いずれも、鍵を握るのは期待効果を経営者に理解してもらうことだ。そこで、ここではそのための方法論を実践に即して紹介する。

「期待効果」を定義するための取捨選択の基準

DXプロジェクトにリアリティをもたせるためには、経営課題、解決策、期待効果の3つをきちんと整理する必要がある。

経営課題の取捨選択

まずは経営課題を整理して、そのプライオリティを決めていく。この際、取り組むテーマは3～5つ程度に絞り込む。多すぎると実現し切れず、少なすぎると投資規模に見合わなくなるからだ。

解決策

ここでは、絞り込んだ経営課題に対して複数の解決策を検討することが重要だ。施策としては「業務改善施策」と「システム化投資」に大別できる。いずれの場合においても忘れてはならないのは、難易度の測定を含めて方向性を検討することである。

「業務改善施策」における難易度は、低い順に、

①特定業務のプロセス見直し（個社内）
②業務プロセス標準化推進（個社内）
③コード統一（個社内）
④グループ全体の標準化
⑤取引先との協業

というのが一般的だ。個社からグループに移った瞬間に難易度が高くなるが、最もハードルが高くなるのは取引先との協業が求められるケースだ。

たとえば、ＥＤＩ（Electronic Data Interchange：電子データ交換）を共通化して、帳票や文書伝票のやり取りを自動化するケースでは、交渉して理解を促すことからのスタートとなる。いわばサプライチェーン全体の見直しである。

その際に、データを基軸とするＤＸでは上流側でデータを整理し、統合しておくことがきわめて重要となる。下流でのデータクレンジングには限界があり、挫折してしまうケースが少なくない。当然、取引先を含めたコード体系の統一が不可欠となるため、相当な難易度を覚悟しなければならない。

次に「システム化投資」の規模を測定する方法として、ベーシックな考え方では、

①Ｉ／Ｆ（インターフェース）本数
②変換加工ロジック
③想定データ量

図表1-2　システム投資規模の分類

システム投資規模	I/F本数	変換加工ロジック	想定データ量
大	大	大	大
	大	大	小
中	大	小	大
	大	小	小
	小	大	大
	小	大	小
小	小	小	大
	小	小	小

を基軸とした**図表1-2**が参考になるはずだ。

図表の通り、DXにおいて不可欠なデータ収集の仕組みとなる「I／F」の数に応じて、投資規模も大きくなる。また、データを入れただけで分析ができるわけではないため、求められるアウトプットに応じて収集データを加工するロジックが必要になる。これも本数によって投資規模が増大する傾向にあるが、同時にロジックであるだけに難易度も加味する必要がある。「想定データ量」はストレージに依存するが、DXではデータ量が1ペタバイトに達するケースもあるため、そうなると投資規模だけではなく難易度にもかかわってくる。

期待効果

期待効果は定性的であるだけに、測定が難しい。基本的には「業務改善施策」の難易度と同様、個社・グループ・パートナーといった範囲を想定しつつ、貢献度を探っていくことになる。その際における期待効果のインパクトは、高い順に次の5つになるだろう。

①定量的な経営目標達成
②P／Lへの直接的なインパクト（売上向上・コスト削減）
③グループ全社の業務効率向上への寄与
④個社内の業務効率向上への寄与
⑤特定業務エリアの業務効率向上への寄与

当然ながら、経営者としては①または②を求めるだろうが、現実的にDXの期待効果として示せる範囲は、③〜⑤が限界ともいえる。それでも、徐々に成果をもたらす可能性を示せるのであれば、①と②も捨てがたいはずだ。

実現目標の最終選定においては、これまで述べてきた経営課題、解決策、期待効果という3つの観点からバランスを配慮して、優先順位の判断を行うこととなる。落としどころとし

図表1-3　期待効果の分類

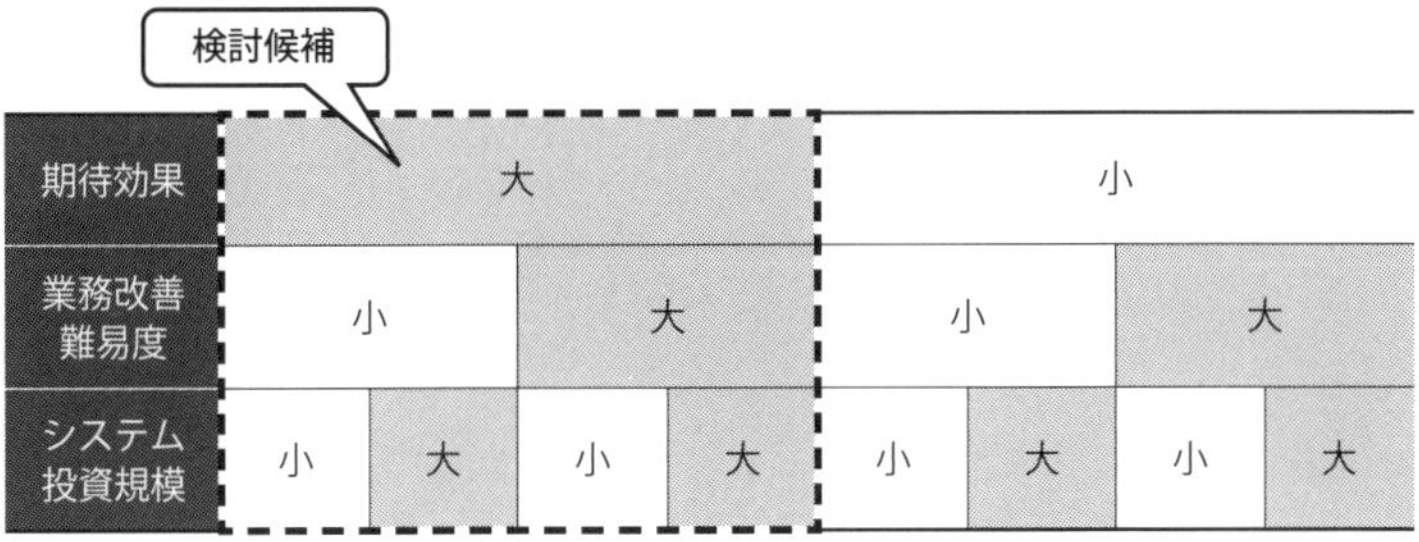

ては、**図表1-3**の通り、第1優先順位を「期待効果が大きくて業務改善難易度が小さい課題」、第2優先順位を「システム投資規模が小さく、期待効果が大きい課題」として着手するのが順当といえよう。

稟議の成否は、政治力学で決まる!?

経営者はDXに取り組みたいと考えており、実際に、ほとんどの企業のIR対策や中期経営計画にはDXという文字が入っている。

ただし、実際に大規模な投資が必要な稟議が上がってきた際には、そう簡単にはGOが出せないというのも経営者の本音である。オーナー企業なら決断できるかもしれないが、大手企業の経営者の場合は、ある種雇われの身でもあるため保守的なスタンスになりがちで、何よりも「ステークホルダーを守る」という重要なミッションがある。結果として、「総論賛成・各論反対」となることが多いことを覚えておきたい。

そこで稟議の通し方だが、やはり一種の地ならしを行って、導入に前向きな雰囲気を醸成しておくことは避けられないだろう。どのような企業・組織にも「政治力学」が働いている。そのベクトルをいかにＤＸに向けるかということが、稟議の可否の決め手となるといっても過言ではない。

そのためには、ＤＸにかかわる社内の権力構造を理解して、誰がキーパーソンになるかを見きわめておく必要がある。じつは、キーパーソンが必ずしも経営トップであるとは限らない。たとえば、ＤＸに不可欠なデータの実権は、事業部長が握っているケースが多々ある。実際に、ＤＸの導入に向けてＣＥＯが事業部長に頭を下げて、データ提供を依頼している場面に遭遇したこともある。また、財務の実権を握るＣＦＯの存在感が社内を圧倒していて、ＣＦＯの承認を得なければ何ごとも前に進まない、という企業も少なくない。老舗企業では、オーナーである会長が全権を握っており、すべての稟議に目を通し、必ず複数回の却下、再見積もりを用意しなければならないという暗黙のルールをもつ企業もあった。

このような権力構造は、会社勤めを長く経験しているビジネスパーソンなら感覚的に理解できるだろう。しかしながら、ＩＴベンダーやコンサルタントなど、社外からも人材が参加して、ＤＸプロジェクトを構成しているケースもある。そうした場合、社内の人間関係やしきたりを理解できていない外部スタッフが、必要な手続きを踏むことなく、正面突破に挑んで失敗することが多い。どのような企業でも、組織をスムーズに動かすコツや暗黙のルールがあり、そうした特有の事情を軽視してはならないのだ。

そうしたある種の政治力学を考慮した場合、DXプロジェクトはやはりトップダウンの号令のもとに実施されるのが望ましい。実現目標や期待効果を見出すためには、多くの業務課題への取り組みやそれにともなう情報開示が必要となるからだ。

それだけに、DXプロジェクトにおいては経営層が先頭に立って、積極的に旗振り役を務めてくれるような状況を整えたい。それが難しければ、何らかの人脈をたどって経営層とのリレーションを構築することに努め、いわば「虎の威」を借りる立場を獲得するくらいの意気込みで臨むべきだろう。

一方、ボトムアップ型でDXプロジェクトを進めるのは、多くの苦労をともなうに違いない。他部門に対してプロジェクトへの協力を求める際のハードルが高くなるからだ。DXプロジェクトにおいて責任者や主導的なポジションを任されるセクションは、①情報システム部門、②経営企画部門、③経理部門、④外部採用、となるケースが多い。最近ではDXを推進するための部門を新たに設置する企業も増えているが、その場合も新規部門の責任者には先の4部門の出身者が選出されることになる。

では、どの部門が主導すればよいのだろうか。結論をいえば、どの部門にも一長一短があり、状況によって異なると考えるべきだ。たとえば、あらゆるシステムと完全に無縁な部門など存在しない状況を考慮すると、すべての部門と何らかの接点をもつ①情報システム部門は、現場との距離感が近い。そのため、該当部門の担当者からの情報でキーパーソンの目星をつけやすいという利点がある。ただし、トップダウン型にもち込むのは難しい。直轄役員であるCIOは力を貸してくれるだろうが、投資を依頼する側の立場であることを考えれば、強力なリーダーシップは期待しづらい。②経営企画部門と③経理部門は、いずれも経営層との距離が近い。間接部門として経営企画はCEO、経理はCFOと日々、密接に連携しながら経営資料などの作成に携わっているからだ。その一方で、現業部門とは距離がある。役員ヒアリングには都合がよいかもしれないが、業務知識という観点では現場からの情報収集には不向きと見るべきだろう。役割の違いから、目に見えない垣根ができている場合もある。

④外部採用は、最近のDXプロジェクトならではの傾向といえよう。社内にはなかった知見やノウハウを活用することを目的として、外部から優秀な人材をヘッドハンティングするケースも目立つ。しかし、社内経験に乏しく、人間関係も把握していないことから、先の外部コンサルタントの例のように、必要な手続きを経ることなく、真正面から承認を求めて失敗するケースも少なくない。この場合、いかに社内で根回しができるかということが、成否

を左右することになる。

いずれにしても、ＤＸプロジェクトの稟議を通すには、社内事情をよく理解し、導入に前向きな雰囲気を醸成することだ。そのためには、関係部門への事前説明はもちろん、積極的に協力を働きかけ、関係部門のトップに対しても理解を得るための機会を設ける必要がある。そうしたネゴシエーションに対して後ろめたさを感じる必要はなく、むしろプロジェクトを推進するためには必要不可欠な手順ととらえたほうがよい。

当然、企業規模やプロジェクト規模が大きくなれば、それだけステークホルダーは増える。そのぶん、必要な根回しや踏むべき手順も増えるが、プロジェクトを成功へ導くためには、そうした政治的な手続きは不可欠だと認識しておきたい。

第2章

DX導入の失敗事例考察

「ＫＰＩツリー」による業績管理の可視化

ＤＸの導入に当たり、実現目標として全社共通のＫＰＩを定義し、それらにもとづく業績管理を実現しよう、という進め方をするプロジェクトは多い。

ＫＰＩツリーは、企業の最終目標となるＫＰＩの構成要素を因数分解して、目標達成のために必要となる項目を網羅的に洗い出し、それらに関連するロジックをツリー構造で可視化する経営管理のためのメソッドである。ＫＰＩを中間目標と定めることで、これまで見えていなかったＫＰＩやそれに対する課題が浮き彫りになり、共通認識のもとにＰＤＣＡサイクルを回すことができるため、ボトルネックの早期発見や、より有効なアクションにつながるとされている。

図表２‐１は、ＫＰＩツリーのイメージである。図表では、経営ＫＰＩと事業ＫＰＩに大別している。前者は、経営管理にもとづいた指標であり、後者は販売・開発・購買・生産・在庫など、各部門の課題解決やミッションと直結している。そして、これらのＫＰＩが部門横断で達成されることによって、横軸の収益性・効率性（生産性）・安全性などにつながっ

図表2-1　KPIツリーのイメージ

KPIツリー		収益性	効率性（生産性）	安全性
経営KPI		売上見込 売上計画 売上実績 受注実績	全社損益 事業部損益 機種別損益 顧客別損益	キャッシュフロー
事業KPI	販売	組織別売上高 顧客別売上高 機種別売上高	売上高変動費率 売上高販売費率 売上高運送費率	
事業KPI	開発	開発拠点別売上高	プロジェクト別開発費 プロジェクト進捗率	
事業KPI	購買	仕入実績 仕入単価 発注実績	リードタイム 仕入先別仕入単価	納期順守率
事業KPI	生産	生産計画・実績 設備稼働率 人員数	原価実績 原価単価 返品率	
事業KPI	在庫	在庫計画 在庫実績 仕掛品・原材料在庫実績	滞留在庫	在庫回転率 在庫保有日数

ていく。なお、この横軸は企業のパーパスや戦略によって千差万別である。たとえば、製造業であれば、不良品率や歩留まりといった品質にかかわるＫＰＩが設定されている。

しかし、残念ながら、日本で生まれたＫＰＩツリーによる経営管理手法はまだ存在しないといってよい。有名な経営管理手法としては１９９０年代中盤以降に注目されたＢＳＣ（Balanced Scorecard：バランス・スコアカード）があり、日本企業も一時、戦略目標管理の一環として積極的に導入した。ＢＳＣは財務の視点、顧客の視点、業務プロセスの視点、学習と成長の視点という4つの視点のバランスから企業の業績を総合評価する手法だが、いかにも欧米的な手法で、評価手法が日本企業の風土になじまず、結果的に定着しなかった。

しかしながら、データドリブンな考え方にもとづくDXを推進していくうえで、KPIツリーへの期待はこれまで以上に高まっている。BIツールなどの進化にともない、技術的な環境も整いつつあることがその要因だ。

ただし、KPIツリーによる経営管理は決して容易ではなく、課題もある。ここでは、KPIツリーをベースとしてDX化を進めた失敗事例を取り上げながら留意点を整理しつつ、上手に向き合っていく方法を伝授する。

A社におけるDX導入失敗事例

DX導入経緯

A社では、昨今のDX化の波に乗り、経営層がトップダウンの指示のもと、DXの導入を決意した。社長直下にDX推進部門を設立し、推進部門のリーダーとして外部から優秀な人材を採用した。ただし、推進部門のリーダーは、同社の業務にそれほど詳しくなく、また、DX導入についての知見がなかったため、大手コンサルティングファームに支援を依頼することとなった。

大手コンサルティングファーム主導のもと、150のKPIを含むKPIツリーの定義を行い、約3億円を投資し、KPIをすべてダッシュボード化することに成功した。

導入結果

当初はもの珍しさもあり、ある程度のユーザーは参照していたが、更新頻度は月次のＫＰＩが多く、実績の結果データを表示させているだけで、ダッシュボードを見ても「So What？（だから何？）」となってしまい、徐々に誰からも参照されなくなる。また、事業部や各部門の「業績評価」に使用されていないため、ＫＰＩ自体が形骸化してしまう結果となった。

その後、ソースデータのいくつかは、手作業で作成されるものも含まれており、作成した担当者の転職により更新不能となる。更新もされないダッシュボードとして放置されるに至った。

ＩＴ部門としては無駄に保守運用費用がかさんでしまうため、使用されないダッシュボードは廃棄してしまいたいと考えているが、基幹システムのデータが格納されており、明細データのダウンロードツールとして現場部門から重宝されているため、捨てるに捨てられない状況となっている。結果として、「3億円のデータダウンロードツール」が誕生してしまうこととなった。

「ＫＰＩツリー」に内在している課題とその原因

「ＫＰＩツリー」の問題点

同様に、ＫＰＩツリーにおいても多くの問題がある。具体例として、次の４つを取り上げて顕在化している問題を指摘したい。

①経営層がＫＰＩの意味を理解していない

売上高や利益といったＰ／ＬにかかわるＫＰＩについては、どの経営者も関心を寄せ、重要視している。しかし、先の事業ＫＰＩなどで設定されている細かい業務に関するＫＰＩになると、数字の意味を理解できていないケースが少なくない。ＫＰＩツリーを活用するためには、経営企画部門などがサポートして、経営者にそれぞれの事業部門の中間目標となるＫＰＩへの理解を深めてもらうことが必要だ。

につく。

②「業績評価」に使用されずに形骸化

ＫＰＩツリーを経営管理の一環として位置づけるならば、やはり経営の観点からよし悪しをジャッジすることが重要だ。多くの企業がＫＰＩツリーを経営ダッシュボードに落とし込んでいるのも、そのためだろう。ところが、実際には業績評価と連動していないケースが目

たとえば、経営ダッシュボードに「在庫回転率1・5」という値が表示されていたとする。しかし、適正な在庫回転率が設定されていなければ、1・5という数字は意味がない。目安をもたない数字で業績評価を行うことはできないのだ。

では、仮に2・0という目標値が設定されていたとすれば、－0・5という差異がわかる。それで業績評価ができたような気になるが、問題は－0・5がどのくらい経営にインパクトを与えるのか、ということだ。緊急事態を意味するアラートなのか、それとも何年も変化していない数字なのかによって、とらえ方はまったく異なる。さらには、その差を埋めることが容易なのか困難なのかもわからない。それだけでは、業績評価のための判断材料になっていないのである。

じつはほとんどのＫＰＩが同様に、業績評価に反映されていない。ＲＯＩやＲＯＡ（Return on Assets：総資産利益率）、ＥＢＩＴＤＡ（Earnings Before Interest, Taxes, Depreciation and Amortization：税引前当期純利益＋支払利息＋税金＋減価償却費）などもKPIとして重要視はされているが、IRのアピール材料にはなっても、社内の業績評価にはほとんど使われていない。

その結果として起きているのが、KPIツリーにもとづく経営ダッシュボードの形骸化である。当初は期待も高く、多くのKPIをダッシュボード化して、それをチェックすることを日々のルーティンとしていた経営者も、業績評価には使えないことがわかってくると徐々に興味を示さなくなっていく。やがて、時の経過とともに忘れられ、画面から消えていくというわけである。

このように、BIやDXプロジェクトの多くは、ダッシュボードをつくっては忘れられるパターンを繰り返すことが当たり前になりつつある。なかには、この繰り返しが延々と続いているプロジェクトさえある。それだけに、KPIツリーにおいては業績評価との連動がきわめて重要であることを覚えておいていただきたい。

③手作業による負荷増大

先に経営ダッシュボードを例に説明したが、KPIツリーに応じたレポートや報告は何もBIツールの導入を前提としているわけではない。実際にはExcelなどによる手作業でレポートを作成しているケースが多い。ただし、その場合には作成担当者に相当な負荷がかかっている。それはさまざまなソースデータをかき集めて、Ｅｘｃｅｌに投入していかなければならないからだ。

さらに、ＫＰＩを中間目標に掲げて経営管理を行う手法であるため、レポート作成にはそれなりの更新頻度が求められる。当然、担当者はレポート作成業務だけに専念できるわけではないため、多忙にまぎれて遅れ、いつしかレポートそのものが消滅しているケースさえある。

決定的なのは、担当者の転籍や転職により、継続できなくなるケースである。レポート作成のロジックが属人化しているからだ。複雑なレポートであればあるほど、そのリスクは高い。

④ソースデータが存在しない

ＫＰＩツリーの意義は、的確な経営管理を実現することにある。それだけに、あくまでもＫＧＩへ向けての経営視点に立脚している。そのため、ＫＰＩツリーで経営管理しようにも、検証するためのデータが社内のどこにもないという状況も生まれがちだ。このようなケースでは、結局のところ、担当者の経験と勘に委ねられてレポートが作成されるなど、データドリブンに逆行した現象が起きている。

これでは、指標となるＫＰＩは依然としてあいまいなままである。業績評価に使えないのはもちろんのこと、業務の運用や改善においても決して有用とはいえない。その結果、「無意味なレポートは必要ない」という結果にたどり着いてしまっている。

このように、ＫＰＩツリーは経営管理手法として期待されてはいるものの、その運用にはまだまだ課題が多い。それでも期待が高まっているのは、やはり日本企業においてもデータドリブンな考え方が定着しつつあるからだ。ＢＩツールなどの進化にともない、技術的にも十分可能になっている現在、ＤＸの推進に当たってＫＰＩツリーがその試金石の１つになることは間違いない。

「ＫＰＩツリー」と「システム化」の関係

ＫＰＩツリーの策定は、企業にとって必ずしも絶対的な要素とはいえないものの、データ起点で仮説を検証する経営管理を推進するならば、重要な要素となり得る。そのためには、誰も見ないダッシュボードをつくっては忘れられるというパターンを繰り返していてはいけない。ＫＰＩツリーを実効性のある経営管理手法にしていくためには、やはりシステム化によって、データ起点で仮説を立て、検証できる環境を整備していくべきだ。

その際には当然、ＫＰＩツリーを策定するコンサルティングファーム、それをシステムとして実装するＳＩｅｒ（エスアイヤー：システム開発を請け負う会社）をはじめとするＩＴベンダーを上手く活用することも必要となる。そこでＫＰＩツリーのシステム実装および運用をふまえて、パートナー企業の関係性を整理してみよう。

まずコンサルティングファームだが、彼らに全社規模でＫＰＩツリーの策定を依頼すると、軽く数百項目ものＫＰＩを網羅的に定義してくる。仮に、ＫＰＩが２００個あれば、１０００項目程度のシステム機能一覧が提案されるだろう。これは個社での規模感で、グループ企業全体を想定した場合、その数字は天文学的に膨れ上がる。

一方、システム実装を担当するＩＴベンダーとしては当然、実装するＫＰＩの数は多ければ多いほど売上に貢献できるため、嬉しい。それだけにＩＴベンダーにとっては、ＫＰＩツリーはまさしく宝の山になる。

また、ＩＴベンダーはシステム実装には長けているものの、業務要件や機能要件、システム要件といった仕様については、自分から示すことはなく、基本的には企業側から提示されるものだと考えている。そのため、定められた仕様に向けてのカットオーバーが目標となりがちで、その後、実装したシステムが使われるかどうかについては、あまり関心が示されない傾向がある。

このような状態のままでＫＰＩツリーのシステム実装を考えてしまうと、その先にとんでもない現実が待ち構える。ＫＰＩツリーの策定だけでもコンサルタントに対して相当なコストが発生しているわけだが、提案されたＫＰＩツリーをすべてシステム実装するとなると、非現実的な予算規模となってしまう。たとえば、コンサルティングファームから２００個のＫＰＩを提案されたとして、システム実装に１本当たり約２００万円のコストが発生すると想定した場合、それだけで4億円の予算が必要となるのである。

なぜそのようなコストになるのかというと、ＫＰＩツリーのシステム実装プロジェクトでは、レポート作成機能にかかわる概要設計や詳細設計といったフェーズをＩＴベンダーと詰めていく必要がある。じつは、レポート機能を開発すること自体は、それほど難しいことではない。ＢＩツールなどの分析環境が用意されていて、データさえそろっていれば、数時間で開発できてしまうものもある。ところが、概要設計書や詳細設計書を作成して、単体テスト・結合テスト・総合テスト・運用テストといったステップを踏んでいくと、最終的にはそれなりの工数に膨れ上がってしまうのである。また、データを取得するためのインターフェース機能も個々に実装していく必要がある。

しかも、そこには前述したＫＰＩツリーの問題点を解消する術は含まれていない。誰も見なくなるダッシュボードが繰り返しつくられてしまっている事情には、このような背景が考えられるのである。

「ＫＰＩツリー」のＰｏＣ実施による評価実施

提案：「ＫＰＩツリー」と上手に付き合う

では、具体的にどうすればよいのか。第３章で述べる「Ｔｏ－Ｂｅモデル定義」にも大きくかかわってくるポイントである。

ＫＰＩツリーをシステム化する際には、先に述べた通り、業績評価との整合性を担保することが前提となる。そこで本書では、まずはそのＫＰＩで業績評価できるか否かを実際のモニタリングを通じて検証することを推奨する。そこでは、ＢＩツールや予算管理システムをはじめとする新しいツールを導入する必要はない。Ｅｘｃｅｌなどを使って、マニュアルでモニタリングと検証を行うだけで十分だ。

レポート作成を担当するのは、該当するＫＰＩに関連する主要部門のエンドユーザーである。販売のＫＰＩなら営業部門、経営ＫＰＩなら経営企画部にＥｘｃｅｌなどでレポートを作成してもらい、３カ月程度のモニタリングを行ったうえで、システム化の是非を検証していく。

その際の評価基準は、

①「業績評価」＋「人事評価」との適合性
②「目標値」「計画値」の有無
③更新頻度に応じた「適時性」
④システム化難易度

の４つである。これらのポイントでシステム実装を検討し、ダッシュボード化の必要性を判断することになる。

①「業績評価」＋「人事評価」との適合性

まず、想定すべき評価基準は業績評価の指標としての適合性である。できれば、人事評価の視点も加えたい。人事評価に使用されるとなれば、そのＫＰＩに対する関心も高まる。こ

ドの重要なポイントで、業績評価や人事評価との適合性をもつＫＰＩにこそ、ダッシュボード化する意味がある。

とある会社で営業部門のダッシュボードの構築を依頼され、ダッシュボードに表示させるＫＰＩを賞与査定項目にして実装して公開したところ、全営業社員が毎日のようにそのダッシュボードを参照するほどの高評価となった。

結局のところ、部門の業績評価や人事評価につながらないＫＰＩは、ダッシュボードに表示しても誰も見なくなる。それだけに、このあたりを検証材料として見定めたうえで、ＫＰＩをシステム化すべきかどうかを判断することが重要だ。

②「目標値」「計画値」の有無

目標値や計画値が設定されていない実績ベースのＫＰＩをレポーティングしても、せいぜい可能なのは前年との実績対比ぐらいである。前年と比較したところで、現状におけるよし悪しの判断基準にはならないからだ。その意味では、実績のみのＫＰＩは除外、もしくは優先度を落とすべきであろう。

③更新頻度に応じた「適時性」

システム化する以上は、せめて月次モニタリングぐらいは継続しなければ意味がない。四半期、年次ベースで必要となるＫＰＩをシステム化して経営ダッシュボードに表示したところで、そのようなＫＰＩはすでに経営者の頭の中にインプットされているはずだ。たとえば、ＲＯＩをシステム化しても、チェックすべきタイミングは年次もしくは四半期といったスパンとなる。四半期だったとしても、そのＲＯＩというＫＰＩは少なくとも３カ月間は更新されないわけで、３カ月間ずっと同じＫＰＩがダッシュボード上に表示されていること自体、ほとんど意味がないのである。

一方、売上高や粗利益、工場における生産量といったＫＰＩについては、月次どころか、日次・週次単位で追いかけていきたいものだ。しかし同時に、このようなレポートをＥｘｃｅｌなどで作成し続けていくのは担当者の負荷が高い。経営サイドとしても、「ほかに生産性を発揮する場所があるはず」と判断することになるだろう。このようなＫＰＩは、優先的にシステム化していくターゲットになるはずだ。

④システム化難易度

もちろん、ＫＰＩをシステム実装する際には、その難易度を抑える努力も重要だ。先に１

個のＫＰＩをシステム化する際のコストを２００万円という目安で説明したが、実際には難易度が高くなると、１０００万円ぐらいに跳ね上がる可能性もあるからだ。その難易度を考えるに当たっては、容易な順に、

①単純集計
②ソースデータ集計結果からの四則演算
③複雑な変換・加工要素の有無
④手作業の可能性
⑤社内におけるデータの有無

から判断すればよい。

①については、たとえば売上高のようなＫＰＩは、基幹システムに蓄積されている売上明細から簡単に集計できる。
②は集計結果をさらに四則演算して導き出す領域だが、これもＢＩツール上から自動演算できるので、難易度は高くない。
③は配賦処理など変換や加工が求められる領域で、それなりにハードルが高くなる。ただ

し、あらかじめ定められているロジックが明確なのであれば、そのつくり込みに頭を悩ますことはあまりない。

④はアウトプットに大量データを要する領域で、これをＥｘｃｅｌなどで行おうとするとフリーズしたり、処理にかなりの時間を要することが想定される。このような手作業が難しい領域はロジックも複雑だ。また、システム化に当たって、他システムのパフォーマンスへの影響についても十分な配慮が必要となる。

⑤は、売上高はメジャー（分析指標）となり得るものの、ディメンション（分析軸）を含めた場合のデータが社内に存在しない、もしくはメジャーとなるデータ自体が存在しないというケースである。コンサルティングファームの提案は「データの有無」を考慮しているわけではないので、このようなことは起こり得る。そうした場合、データの生成や取得方法についても配慮しなければならず、システム化の難易度は一気に跳ね上がる。

以上の評価基準をもとにしたモニタリングや検証を実施して、システム実装するＫＰＩをふるいにかけていくと、当初想定されていたＫＰＩツリーは4分の1から3分の1程度には圧縮できるはずだ。

結局のところ、ＫＰＩを提案したコンサルティングファームは社外の人間であるため、企業の全容を理解したうえでＫＰＩツリーを策定しているわけではない。あくまでも専門家として、経営管理の観点から仮説を提示しているだけなのだ。仮説である以上、プロジェクトではそれをきちんと検証する必要がある。しかしながら、専門家に対する信頼感なのか、そうした検証作業が行われているケースは多くない。

このような検証結果をふまえてシステム実装のフェーズに移行できれば、ＩＴベンダーとも相互に信頼し合えるリレーションを構築できるはずだ。企業の論理では、無理・無駄の矛先はＩＴベンダーに向けられていく。しかし、半分は企業側の責任でもある。

こうした観点から、「まずは手動で3カ月ぐらい動かしてみる」という検証方法は有効だ。その際に、コンサルティングファームと共同で検証に取り組むのもよいのだが、コンサルタントに対するコストがかさむことを考えると、現実的とはいえないだろう。また、コンサルタントは経営や業務については詳しいが、システムに精通しているわけではないため、検証する術をもっていないケースもある。そして何よりも、コンサルタント自身が提案したＫＰＩツリーを客観的な視点で検証するのは難しいと考えるべきだろう。

したがって、まずは企業自身がエンドユーザー主導で検証する。このことでシステム実装の無理・無駄の解消やＫＰＩツリーの有効活用につながる。この選択肢こそが、プロジェクト成功の鍵を握るといえるだろう。

ＫＰＩの実効性評価の観点

では、ＫＰＩのすべてが時間をかけて検証をしなければ有効性の評価ができないのかというと、必ずしもそうではなく、簡易に検証する方法も存在する。次の観点の情報を対象のＫＰＩが保持しているかどうかで有効であるかどうかの目安となり得るため、ぜひ参考にしてもらいたい。

4つの観点（3つの定量情報と1つの定性情報）

可視化（見える化）につながるデータや情報は、基本的に①実績、②計画、③見込といった数値で表すことができる「定量情報」と、④具体的なアクションである「定性情報」に大別される。

①実績（定量情報）

金額情報は収集しやすいが、数量情報やプロセス指標はデータ化されにくい

可視化の目的の1つとなる現状把握は、定量化が前提となる。最も定量化しやすい領域は「実績」だ。具体的には、売上をはじめとする金額情報が挙げられるが、そのためのデータは基幹システムに格納されている。

しかし、売上が計上されるまでの間には、商談や見積もりといったプロセスがある。これらのプロセスは数量情報やプロセス指標として表すことができるが、このような指標をデータ化している企業は意外に少ない。

売上はプロセスを経て成立するだけに、両者の関係性を明らかにすることは進捗状況のコントロールや業績の改善に向けた気づきを促す。とくに、売上の向上は実現目標を定める際に鍵を握る要素となるため、これらのプロセス指標を実績として定量化し、可視化することは課題解決のブレークスルーにつながるはずだ。

②計画（定量情報）

課題とは現状と目標のギャップである

計画とは、実績を判断するための目標値である。企業活動における計画で典型的なものは予算だろう。予算として示される具体的な数値が目標値である。

予算を達成できるかどうかが経営層にとって最大の関心事となるのは、実績を評価するためといってよい。つまり、目標値を実現する実績だけが評価に値するのであり、現状と日標の間にギャップが生じている場合、それまでの実績には改善すべき点があると判断できる。したがって、課題を的確に把握するためにも、具体的で説得力のある実現目標を設定しなければならない。

③見込（定量情報）

最も作成難易度が高い、将来を知るための未来の予測値

実績はどこまでいっても過去の情報であり、目標と対比したところで結果でしかない。では将来的にそのギャップをいかに埋めるか、という課題に直面する。その際に重要な意味をもつのが未来の予測値である。ビジネスにおいては「見込」といわれる情報である。

ここでいう未来は決して遠い先の予測ではない。月次や週次、企業によっては日次単位で見込を管理しているケースもある。見込は、軌道修正できる範囲内で把握してこそ、意味をもつ。

現状を可視化できても、この見込がわからなければ、経営の課題解決や意思決定にはつながらない。その意味で、見込を可視化することは企業にとって有益なKPIとなる。
ところが、DXをもってしても未来予測は容易ではない。BIツールでの分析においても、最も可視化の難易度が高い領域となる。その理由は、多くの場合、源泉となるデータが蓄積されていないため、データそのものを何らかの方法で生成する必要があるためだ。

ここまでが定量情報である。いずれにしても、経営の可視化を進めるためには、この3つの定量情報にかかわるデータを過不足なくそろえることが肝要だ。現状ではデータをそろえることができないのであれば、今後、生成および作成していくことにフォーカスする必要がある。逆にいえば、これらのデータを正規化してデータウェアハウス（DWH）などに格納し、BIツールで分析すれば、経営課題は可視化できると考えてよい。そのためには、どのようなデータが必要なのか。それを見定める意味でも実現目標という羅針盤が必要になる。このような世界を構築していくことこそ、DXの基本の〝き〟といえるだろう。

④具体的なアクション（定性情報）
BIツールではできない具体的な方策のための共有情報

定量情報を活用すれば、たしかに可視化はできる。ところが、その段階で終わってしまうと経営課題の解決には至らない。課題解決や意思決定は、最終的には人間に委ねられている。人間の知識や知見、インサイト（洞察）と結びついてこそ、可視化は意味をもつ。

現実問題として、業績のよし悪しや将来の見通しなどについては、しかるべき立場の誰かが判断しなければならない。また、現状と目標の間にギャップが認められるのであれば、そのギャップを埋めるための具体的な施策を誰かが立案する必要がある。経営課題は、そのようにして解決していくものだ。

しかし、この定性情報と呼ばれる領域をシステム化することはできない。また、ＢＩツールで分析しようにも、数値化されていないだけに不可能である。つまり、ＤＸが最も不得手とする領域なのだ。

そのため、この定性情報はＥｘｃｅｌの独壇場となる。たとえば、経営会議の資料や役員報告資料などで使われる分析レポートには、データをもとにした分析結果とともに、誰かのコメントも併記されているはずだ。これらの資料はＢＩツールでは作成できないので、多くの場合、Ｅｘｃｅｌで作成され、配布されている。

このことは、定性情報の格納といってよい。ここでいう格納とは、データベースへの格納とは意味合いが違う。組織に所属する人間の頭に格納すること、すなわち情報共有である。そこから、議論が生まれ、アイデアを創出することにつながる。

当然、その議論やアイデアは実現目標に立脚すべきだろう。その意味で、定性情報もまた実現目標があってこそ活かされるのである。分析レポートの作成においても、そうした認識は不可欠といえよう。

第3章

DXグランドデザイン詳細

「実現目標」の達成に向けた実践

図表3-1　DXグランドデザインの進め方

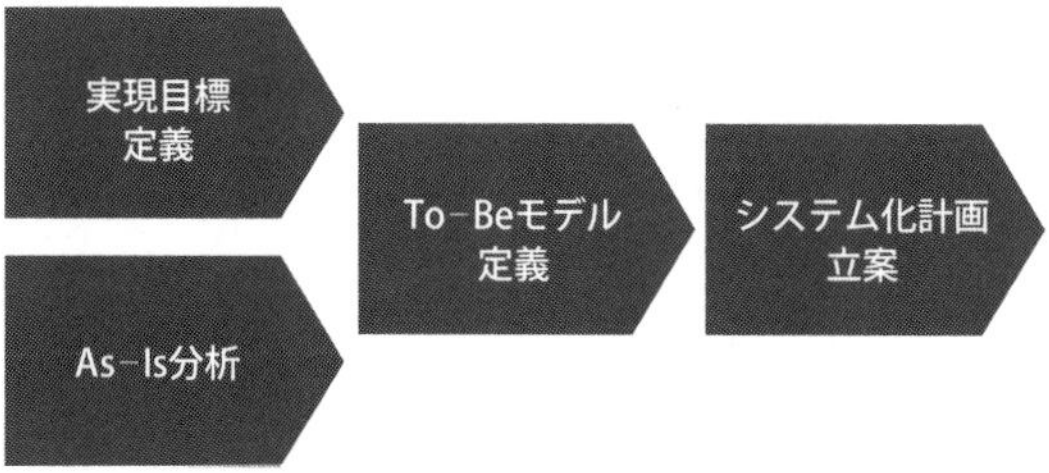

ここまでで、ＤＸにおいては「実現目標」がきわめて重要な意味をもつことをご理解いただけたと思う。

本章では、さらにそれらを具体化していく「ＤＸグランドデザイン」において必要不可欠なＡｓ－Ｉｓ分析とＴｏ－Ｂｅモデル定義、システム化計画立案について詳述する。大きな流れは**図表3－1**の通りだが、Ａｓ－Ｉｓは現在の「姿」、Ｔｏ－Ｂｅは将来の「あるべき姿」を意味しており、まさしく表裏一体の関係にある。とくに、ＤＸにおいてその関係はより強固だといっても過言ではない。実現目標にフィットしたＡｓ－Ｉｓ分析とＴｏ－Ｂｅ定義によって、ＤＸを成長の牽引役にすることができるからである。ところが、実際にはＡｓ－ＩｓとＴｏ－Ｂｅが同一となってしまっているケースが多い。それは、Ａｓ－Ｉｓ

から課題の抽出・分析を行わず、ＡｓーＩｓをそのままＴｏーＢｅとして定義しようとしているからだ。システム課題の解決であれば、そのようなアプローチでも通用するかもしれない。しかし、ＡｓーＩｓのままでは、いつまで経っても経営課題の解決、すなわち実現目標にはたどり着かないはずだ。

では、実現目標の達成に向けてのＡｓーＩｓ分析とＴｏーＢｅ定義は、どのように実践すればよいのだろうか。本章では、そこに的を絞ったフレームワークを紹介する。

「実現目標」を踏まえた「ＡｓーＩｓ分析」とは⁉

そもそも、システムを導入する目的は何らかの課題を解決することにある。この前提に立てば、ほとんどの企業が現状の課題を認識し、解決するために、何らかの方法で業務報告や業績評価を行っているはずだ。最もポピュラーな選択肢としては、Ｅｘｃｅｌを使った「現行レポート」の作成が定常的に行われている。

ＤＸにおけるＡｓーＩｓ分析のスコープには、この「現行レポート」からの経営課題の抽出

図表3-2　As-Is分析の実践方法

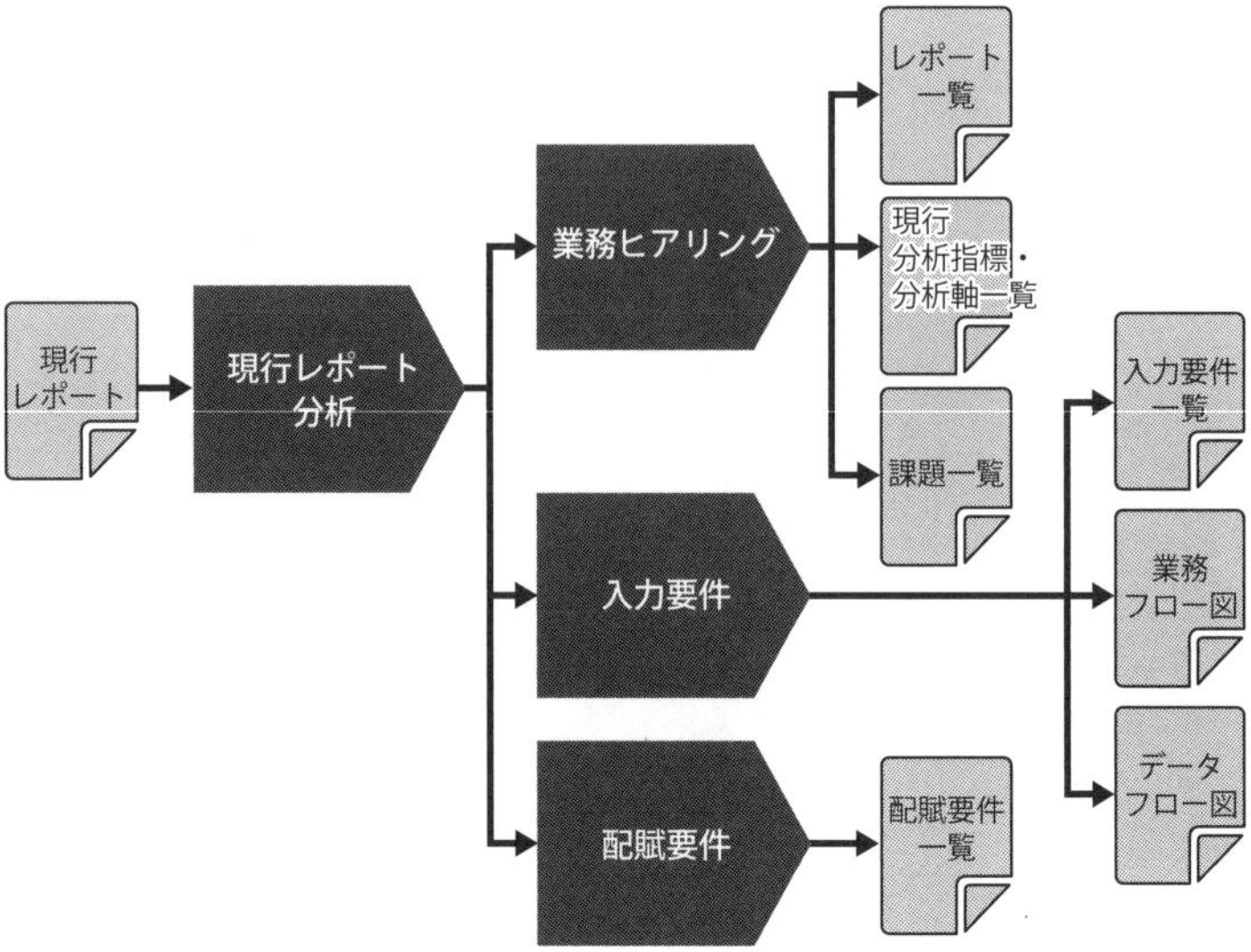

を、現状はどのように行っているかが含まれる。データというFact（事実）を基軸として経営状況を可視化（見える化）することにこそ、DXの本質があるからだ。

それだけに、DXのAs-Is分析は「現行レポート分析」から始まる。**図表3-2**はDXの流儀に従ったAs-Is分析のフローを示したものだ。フローは「現行レポート分析」からスタートして、「業務ヒアリング」と並行しつつ、「入力要件」「配賦要件」を整理していく流れが望ましい。ここでは、このフローに沿ってAs-Is分析の実践方法を解説していく。

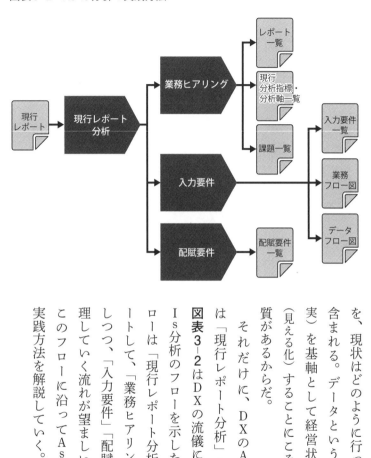

「メジャー」「ディメンション」というとらえ方

「現行レポート分析」では経営報告資料を中心に、可能な範囲で部門業績資料、部門内管理資料も含めて収集と整理をし、「現行分析指標・分析軸一覧」に取りまとめる。経営報告資料とは、四半期ないしは月次単位で開催されている取締役会や役員報告会などで使われている資料で、多くの場合、ExcelやPowerPointなどで作成されているはずだ。セオリーとしては、この経営報告資料を主体として、次に部門業績資料、部門内管理資料といった優先順位で収集と整理をし、「現行分析指標・分析軸一覧」を作成していく。

この「現行分析指標・分析軸一覧」を作成する際のポイントとなるのが、「メジャー（分析指標）」と「ディメンション（分析軸）」の洗い出しである。

メジャーとディメンションはデータの分析と活用の基本となる考え方で、DWHの構築にかかわるデータマートやDDS（Data Driven Service）など、いわゆるスタースキーマ型と呼ばれるデータの整理・格納を設計する際によく使われる。

データの集計では「男女別の寿命」「都道府県別の人口」「国別のGDP」など、「○○（別）の□□（数）」といったスタイルで事実（データ）を比較するのが一般的だ。この「○○（別）」

図表3-3　メジャーとディメンションの一例

ディメンション

	A	B	C	D	E	F	G
1	日付	会員コード	売上売価	売上点数	格下売価	格下点数	
2	2020/6/1	266	1612	5	566	1	
3	2020/6/1	286	1879	8	50	2	
4	2020/6/1	386	1060	9	50	2	
5	2020/6/1	434	3449	26	40	1	
6	2020/6/1	447	2052	12	875	4	
7	2020/6/1	463	991	5	547	1	
8	2020/6/1	526	10007	46	1553	4	
9	2020/6/1	545	861	4	62	2	
10	2020/6/1	610	1790	11	30	1	
11	2020/6/1	616	1636	8	75	3	
12	2020/6/1	633	896	4	36	1	
13	2020/6/1	712	1924	10	983	4	
14	2020/6/1	727	2639	16	26	2	
15	2020/6/1	740	377	4	118	2	
16	2020/6/1	755	1700	10	211	4	
17	2020/6/1	821	4795	15	2666	11	
18	2020/6/1	829	513	5	0	0	
19	2020/6/1	837	3904	20	761	2	
20	2020/6/1	893	3550	14	71	2	

メジャー

に相当するのがディメンション（軸）であり、「□□（数）」に相当するのがメジャー（指標）である。

たとえば、Ｅｘｃｅｌで売上を集計した**図表3-3**では、右の二重線で囲んだ集計対象の値、すなわち売上売価・売上点数・格下売価・格下点数がメジャー（指標）となる。一方、ディメンション（軸）となるのが左の点線で囲んだ日付・会員コードだ。これは、集計の対象となる属性である。

実際の経営報告資料の例としては、事業別損益の縦軸に事業部の名称が並び、横軸に事業部門別の売上・総利益・経常利益などが並んでいるパターンがある。その場合は横軸がメジャー

（指標）で、縦軸がディメンション（軸）になる。この考え方は、表がグラフになった場合でも同じだ。

「現行レポート分析」のポイント

このメジャーとディメンションに着眼しながら、資料やレポートを洗い出し、一覧にまとめていく。この一覧の取りまとめにおいて、忘れてはならない重要なポイントが、①標記の共通化、②KPIの分解、③ソースデータの特定、の3つである。その理由を解説する。

①標記の共通化

経営報告資料は、第2章でも言及した通り、実績・予算・見込の3つに分類できる。売上高は実績であり、計画売上高のように「計画」がつくものは予算である。

ところが、実際のレポートにおいては、さまざまな名称が付与されている。たとえば、レポートでは売上実績・収益・当月売上高・売上金額といったさまざまな名称が想定されるが、メジャー（分析指標）という観点でとらえた場合、これらはすべて売上高に関する内容といえる。したがって、「現行分析指標・分析軸一覧」に取りまとめる際にはメジャーという視点で共通化を図り、すべて売上高として集約する。共通のモノサシにしておけば、後で検討する際にも簡便になるからだ。

②ＫＰＩの分解

レポートにおいては、利益率・回転率・予実差・予実比といったように、平均や構成比などを使ってＫＰＩを示しているケースも多い。進捗状況や達成状況を定点観測する際に、わかりやすいからだ。ところが、比率や構成比は、そもそも計算式というフィルターを通じて得られる値である。

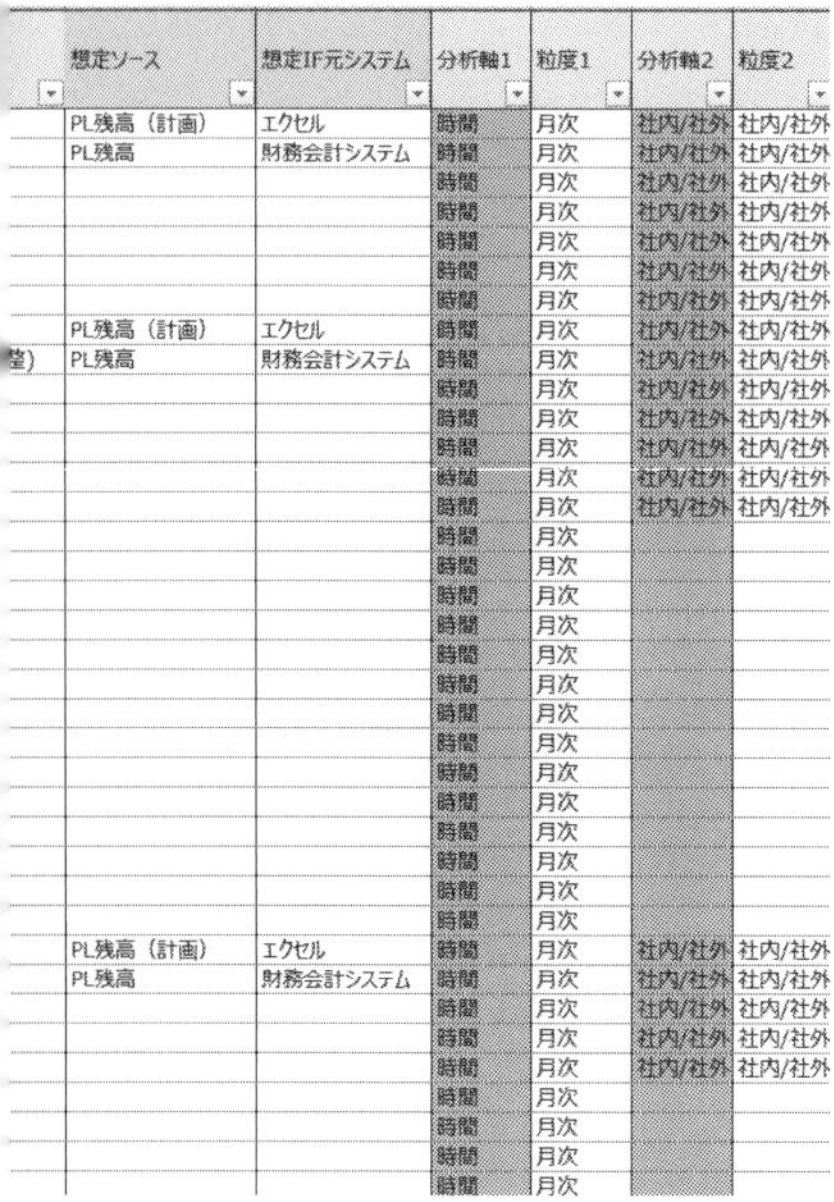

	想定ソース	想定IF元システム	分析軸1	粒度1	分析軸2	粒度2
	PL残高（計画）	エクセル	時間	月次	社内/社外	社内/社外
	PL残高	財務会計システム	時間	月次	社内/社外	社内/社外
			時間	月次	社内/社外	社内/社外
			時間	月次	社内/社外	社内/社外
			時間	月次	社内/社外	社内/社外
			時間	月次	社内/社外	社内/社外
			時間	月次	社内/社外	社内/社外
	PL残高（計画）	エクセル	時間	月次	社内/社外	社内/社外
整）	PL残高	財務会計システム	時間	月次	社内/社外	社内/社外
			時間	月次	社内/社外	社内/社外
			時間	月次	社内/社外	社内/社外
			時間	月次	社内/社外	社内/社外
			時間	月次	社内/社外	社内/社外
			時間	月次	社内/社外	社内/社外
			時間	月次		
			時間	月次		
			時間	月次		
			時間	月次		
			時間	月次		
			時間	月次		
			時間	月次		
			時間	月次		
			時間	月次		
			時間	月次		
			時間	月次		
			時間	月次		
			時間	月次		
			時間	月次		
	PL残高（計画）	エクセル	時間	月次	社内/社外	社内/社外
	PL残高	財務会計システム	時間	月次	社内/社外	社内/社外
			時間	月次	社内/社外	社内/社外
			時間	月次	社内/社外	社内/社外
			時間	月次	社内/社外	社内/社外
			時間	月次		
			時間	月次		
			時間	月次		
			時間	月次		

たとえば、営業利益率（％）は「営業利益÷売上高×１００」、売上総利益率（％）は「売上総利益÷売上高×１００」で表される。ＫＰＩであることは間違いないが、実際には前者は「売上高と営業利益」、後者は「売上高と売上総利益」という複数の要素から

図表3-4　現行分析指標・分析軸一覧の例

No	現行レポート名	管理組織	レイアウト	No	実項目名	項目内容	算式	指
1	月次損益 計画・実績	経営企画室	月次損益 計画・実績	1	売上高(社外)_計画			計
2	月次損益 計画・実績	経営企画室	月次損益 計画・実績	2	売上高(社外)_実績			売
3	月次損益 計画・実績	経営企画室	月次損益 計画・実績	3	売上高(社外)_増減	算式	売上高(社外)_実績 - 売上高(社外)_計画	−
4	月次損益 計画・実績	経営企画室	月次損益 計画・実績	4	売上高(社外)_達成率	算式	売上高(社外)_実績 / 売上高(社外)_計画	−
5	月次損益 計画・実績	経営企画室	月次損益 計画・実績	5	売上高(社外)_前年	前年売上高	前年	−
6	月次損益 計画・実績	経営企画室	月次損益 計画・実績	6	売上高(社外)_増減	算式	売上高(社外)_実績 - 売上高(社外)_前年	−
7	月次損益 計画・実績	経営企画室	月次損益 計画・実績	7	売上高(社外)_前年比	算式	売上高(社外)_実績 / 売上高(社外)_前年	−
8	月次損益 計画・実績	経営企画室	月次損益 計画・実績	8	変動原価_計画			計
9	月次損益 計画・実績	経営企画室	月次損益 計画・実績	9	変動原価_実績			変
10	月次損益 計画・実績	経営企画室	月次損益 計画・実績	10	変動原価_増減	算式	変動原価_実績 - 変動原価_計画	−
11	月次損益 計画・実績	経営企画室	月次損益 計画・実績	11	変動原価_達成率	算式	変動原価_実績 / 変動原価_計画	−
12	月次損益 計画・実績	経営企画室	月次損益 計画・実績	12	変動原価_前年		前年	−
13	月次損益 計画・実績	経営企画室	月次損益 計画・実績	13	変動原価_増減	算式	変動原価_実績 - 変動原価_前年	−
14	月次損益 計画・実績	経営企画室	月次損益 計画・実績	14	変動原価_前年比	算式	変動原価_実績 / 変動原価_前年	−
15	月次損益 計画・実績	経営企画室	月次損益 計画・実績	15	限界利益_計画	算式	売上高(社外)_計画 - 変動原価_計画	−
16	月次損益 計画・実績	経営企画室	月次損益 計画・実績	16	限界利益_実績	算式	売上高(社外)_実績 - 変動原価_実績	−
17	月次損益 計画・実績	経営企画室	月次損益 計画・実績	17	限界利益_増減	算式	限界利益_実績 - 限界利益_計画	−
18	月次損益 計画・実績	経営企画室	月次損益 計画・実績	18	限界利益_達成率	算式	限界利益_実績 / 限界利益_計画	−
19	月次損益 計画・実績	経営企画室	月次損益 計画・実績	19	限界利益_前年		前年	−
20	月次損益 計画・実績	経営企画室	月次損益 計画・実績	20	限界利益_増減	算式	限界利益_実績 - 限界利益_前年	−
21	月次損益 計画・実績	経営企画室	月次損益 計画・実績	21	限界利益_前年比	算式	限界利益_実績 / 限界利益_前年	−
22	月次損益 計画・実績	経営企画室	月次損益 計画・実績	22	限界利益率_計画	算式	限界利益_計画 / 売上高(社外)_計画	−
23	月次損益 計画・実績	経営企画室	月次損益 計画・実績	23	限界利益率_実績	算式	限界利益_実績 / 売上高(社外)_実績	−
24	月次損益 計画・実績	経営企画室	月次損益 計画・実績	24	限界利益率_増減	算式	限界利益率_実績 - 限界利益率_計画	−
25	月次損益 計画・実績	経営企画室	月次損益 計画・実績	25	限界利益率_達成率	算式	限界利益率_実績 / 限界利益率_計画	−
26	月次損益 計画・実績	経営企画室	月次損益 計画・実績	26	限界利益率_前年		前年	−
27	月次損益 計画・実績	経営企画室	月次損益 計画・実績	27	限界利益率_増減	算式	限界利益率_実績 - 限界利益率_前年	−
28	月次損益 計画・実績	経営企画室	月次損益 計画・実績	28	限界利益率_前年比	算式	限界利益率_実績 / 限界利益率_前年	−
29	月次損益 計画・実績	経営企画室	月次損益 計画・実績	29	固定原価_計画			計
30	月次損益 計画・実績	経営企画室	月次損益 計画・実績	30	固定原価_実績			固
31	月次損益 計画・実績	経営企画室	月次損益 計画・実績	31	固定原価_増減	算式	固定原価_実績 - 固定原価_計画	−
32	月次損益 計画・実績	経営企画室	月次損益 計画・実績	32	固定原価_達成率	算式	固定原価_実績 / 固定原価_計画	−
33	月次損益 計画・実績	経営企画室	月次損益 計画・実績	33	固定原価_前年		前年	−
34	月次損益 計画・実績	経営企画室	月次損益 計画・実績	34	固定原価_増減	算式	固定原価_実績 - 固定原価_前年	−
35	月次損益 計画・実績	経営企画室	月次損益 計画・実績	35	固定原価_前年比	算式	固定原価_実績 / 固定原価_前年	−
36	月次損益 計画・実績	経営企画室	月次損益 計画・実績	36	売上原価計_計画	算式	変動原価_計画 + 固定原価_計画	−
37	月次損益 計画・実績	経営企画室	月次損益 計画・実績	37	売上原価計_実績	算式	変動原価_実績 + 固定原価_実績	−

成り立っている。そのため、ExcelとBIツールのいずれを使うにしても、自動的に四則演算するように設定しておけば済むことだ。逆に、利益率というKPIを保持したままデータベース上に格納してしまうと、データの分析と活用において、新たな分析軸を加えて利用することができない。正しい演算ができなくなるからだ。そう考えると、利益率はメジャーともディメンションともいえなくなる。それゆえに分解が必要になるのである。

図表3-4において、共通化する集約名称（実項目名）を売上高

（計画）、売上高（達成率）、指標を「—（ハイフン）」で表しているのはそのためだ。一方、分析軸のほうは、事業別や時間軸、製品分類・取引先分類・組織分類といったように分類できるので、それぞれの軸から集約をかけていく。

③ソースデータの特定

「現行分析指標・分析軸一覧」の取りまとめでは、レポートにおける各々の分析指標がどのようなソースデータから作成されたものかを特定することも重要だ。**図表3-4**でいう「想定ソース」「想定IF元システム」がそれに該当する。たとえば、売上高（計画）における想定ソースは「PL残高」で、Excelで作成されたものであるため、想定IF元システムは「エクセル（Excel）」となっている。また、売上高（実績）のほうは「財務会計システム」からデータを抽出していることがわかる。

なお、現行レポートがBIツールを使って作成されている場合には、ソースデータは容易に特定ができる。どのデータを使ったかをたどっていくことができるからだ。

一方、企業においてはExcelで多くのレポートが作成されていることも事実である。この場合、Excelのソースデータは簡単には判別できない。作成者のロジックに委ねられていることが多く、その場合は「業務ヒアリング」を通じて特定していくことになる。

「業務ヒアリング」の柱は「ソースデータの特定」

ヒアリングについては、第1章における「実現目標の抽出」においてもその方法論を述べたが、As-Is分析における「業務ヒアリング」の主たる目的は「ソースデータの特定」である。ただし、エンドユーザーにヒアリングする以上は、当然、改善要望が寄せられることも想定されるため、そこもあわせて情報収集して課題一覧として取りまとめていく。

とくに厄介なのは、Excelなどで作成された属人化された指標におけるソースデータの特定である。企業においては、特定の担当者のノウハウが凝縮されたExcelシートが数多く存在する。それを「現行分析指標・分析軸一覧」に落とし込んでいくことは、決して簡単なことではない。メジャーとディメンションを含めて、その指標がもつ複雑なロジックを理解するためには、業務理解から始まり、指標の意義や目的を明確化する必要がある。

また、なかには担当者が明細データから手作業で作成している指標も少なくない。売上明細の部門コードや担当者コード、取引先コードを確認しながら分類・仕分けしているケースなどである。これはExcelに限らず、BIツールで可視化を行っている場合でも同様だ。

業務によっては「新規案件」「重点事業」等の変化のタイミングを把握することが重要にな

るため、分析軸にあらかじめフラグと呼ばれる変化の目印を設定しておくケースがある。

ところが、その軸となるデータは自部門には存在せず、基幹システムに明細データとして蓄積されている。そこで担当者が許可を得て、基幹システムから明細データをダウンロードし、フラグを設定している。実際、現場から「明細データをダウンロードしたい」というニーズが寄せられるのは、ほとんどがこのようなパターンだ。

このような手作業は、担当者にとって相当な負荷となり、多くの時間が割かれているはずである。また、一時的といっても明細データを分散させることにつながるので、セキュリティ上の問題も生じる。

その結果、こうした作業は必然的にAs-Isの課題としてクローズアップされる。たとえば、「フラグ設定にかかわるようなデータを、より上流の仕組みに付与できないか」「属人化されたロジックを、新しいシステムに組み込めないか」「新たな分析軸を自動的に付与したレポーティングを実現できないか」といった議論が起き、検討の余地が生まれるのである。

「業務ヒアリング」において改善要望を一覧化する必要があるのは、このような議論の根拠を探っていくためでもある。

入力要件&配賦要件を包含した予実管理へ

Ａｓ－Ｉｓ分析のスコープにおける「入力要件」とは、手作業で作成されているレポートをシステム化する際に、どのような入力要件を満たす必要があるかを一覧にすることである。その背景としては、予算データや見込データなど、主としてＥｘｃｅｌで作成されているレポートが数多く見られることが挙げられる。

というのも、基幹システムに蓄積されているデータは基本的に実績データだけで、計画データ、見込データは多くの場合、Ｅｘｃｅｌベースで作成されている。そこを効率化したいという改善要望は間違いなく顕在化している。そこで、Ｅｘｃｅｌで入力されたデータを収集・集計するのではなく、システムにダイレクトに入力する方法を模索していくわけである。その際には、たとえば予算管理システムなどが検討の候補に入ってくる。

この「入力要件」を検討する際に必要になるのが、どのようなフローで予算や見込を策定するかを把握することだ。**図表3－5**は、それを取りまとめた一覧である。

もちろん、一覧だけでは承認フローを把握することができないので、次に予算および見込の策定に関する流れを業務とデータの両方から整理して、「業務フロー図」「データフロー図」

図表3-5　入力要件を取りまとめたもの

データ種	データ名	入力タイミング	入力ユーザー	承認者
計画	中期損益計画	3年に1回	経営企画部	取締役会
	年次損益計画	年1回	支店担当者	支店長 事業部長 取締役会
	月次売上計画	月1回	支店担当者	支店長 事業部長
	投資計画	年1回	経理部	経理部長 取締役会
見込	損益見込	年3回	支店担当者	支店長 事業部長 取締役会

を作成する。第4章の予算管理で、製造業におけるP／L予算のデータフロー図（162ページ）を取り上げているので参考にしていただきたいが、かなり複雑な流れになっている。

なお、As-Is分析の段階の業務フロー図やデータフロー図は、あくまでも現状のフローを把握することが目的となる。この中からどれをシステム化の対象とすべきかについては、次のTo-Be定義の項で後述する。

このほか、予算・見込の策定においては、配賦処理が存在する場合も少なくない。配賦とは複数部門にまたがる費用を各部署に振り分けることであり、本社人件費・不動産賃借料・本社共通費・システム分担金などに適用される。部門別の独立採算制を採っている企業などにおいては、本社が捻出したコストを投資と考え、各部門に金利を請求するケースもある。

これらはそれぞれ配賦基準が定められており、実績配賦についてはほとんどの企業が基幹システム側で配賦処理を行い、実績データとして蓄積されている。

ところが、予算・見込の配賦は基本的にＥｘｃｅｌベースで処理されていることが多い。また、見込については配賦処理を施さずに計画値をそのままスライドして使っているケースも少なくない。このあたりは企業の考え方によって異なるため、本来は実績配賦と比較するのが肝心なのだが、そこが課題となっている。

繰り返すが、「課題とは現状と目標のギャップ」に他ならない。Ａｓ－Ｉｓ分析のスコープに「配賦要件」を含めておく必要があるのもそのためだ。「配賦要件」を一覧として取りまとめ、システム化の検討材料とすることが望ましい。

「あるべき姿」への扉を開ける「Ｔｏ－Ｂｅモデル定義」

ＡＩブームの影響なのか、巷ではＴｏ－Ｂｅ（あるべき姿）の実現には最新テクノロジーの導入が不可欠であるという意見や、AIを採用しなければビジネスモデル変革はできないといった声もあるようだ。当然のことながら、そのようなことは決してない。

To-Beモデル定義とは、あくまでも自社の実現目標に近づくための手立てだ。データを駆使して課題解決や意思決定を行うデータドリブン経営もまた、その手立ての1つといえる。

To-Beモデル定義の鍵を握るのが、システム化に向けた発想の転換である。あるべき姿の実現には業務改革をともなうケースもあるため、これまでのシステムは業務のプロセス（処理）を改善することに注力してきた。一方、データを拠り所とするDXにおいては、データ起点のシステムであることが必須となる。

たとえば、DXプロジェクトはERPのアップグレードと並行して進められることが多いが、その際に新しいERPに蓄積されるデータをどう活用していくかという発想がなければ、結局のところ何も変わらない。逆に、DXにおけるKPIを意識しながらERPのアップグレードに臨めば、データドリブンな経営管理は可能になる。

ところが、日本企業の多くはまだその発想に追いついていないのではないだろうか。ほとんどのケースで、As-Is分析を通じた「現行分析指標・分析軸一覧」を作成し、そこに掲げられているKPIをそのままシステム化しようとしている。「As-Is起点のTo-

Be」という発想から脱却できていないのである。

とくに、コンサルティングファームが参加していないシステム化プロジェクトでは、その傾向が強い。前著『データドリブン経営の不都合な真実』で「仕様書準拠ありき」で動くSIerをはじめとするITベンダー体質の弊害について述べたが、平たくいうとITベンダーはTo-Beモデル定義ができないというより、しようとしないのだ。そのため、システム化フェーズをITベンダーに依存すると、As-Isを要件のインプットとして実装してしまうのである。

一方、コンサルティングファームはTo-Beモデル定義には長けているものの、その定義はいうなれば「ノウハウや知見にもとづくTo-Be像」であって、企業の独自性を追求したものではない。このことは、第2章のKPIツリーの矛盾からもおわかりだろう。

「独自のTo-Be像」を描くうえで最も重要になるのは、やはりKPIツリーの検証で述べたように、将来を見据えた実効性の検証にある。一般論的なTo-Be論にもとづく仮説があったとしても、そのKPIを順守することが自社にとって本当に必要なのかを問わない限り、独自のTo-Be像は描けない。検証を通じて自社の優位性や差別化要素などを明確にしてこそ、それをシステム実装し、業務改革として反映させる道筋が見えてくる。ここでは、そのような観点からTo-Beモデル定義の実践方法を紹介する。

図表3-6　To-Beモデル定義におけるフロー

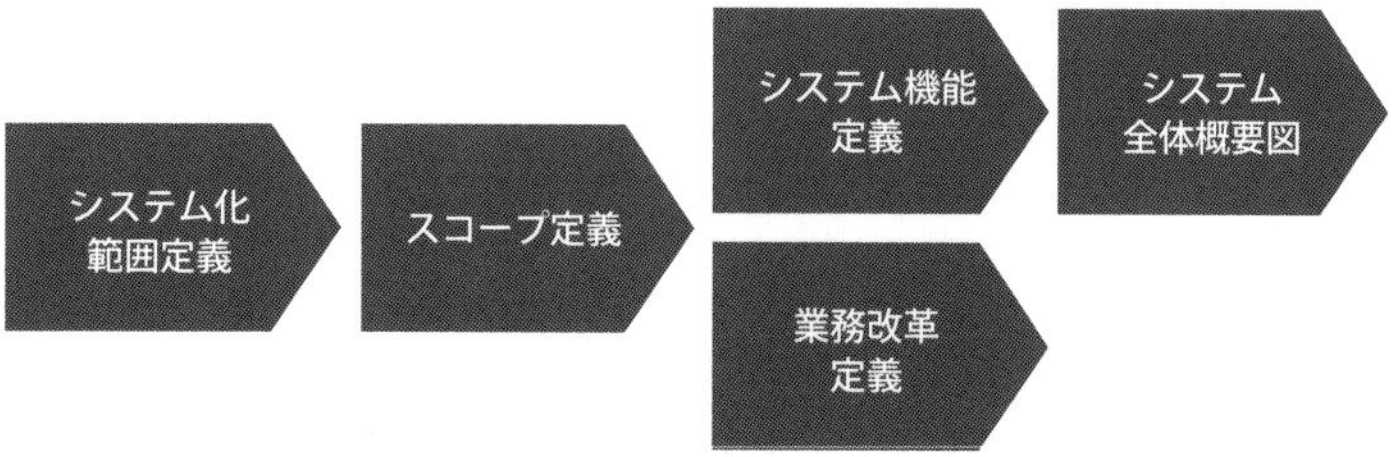

To-Beの起点はシステム化範囲定義から

図表3-6は、Ｔｏ-Ｂｅモデル定義におけるフローを示したものである。ここで最も重要になるのは、「システム化範囲定義」を明確化することに他ならない。ここでいう範囲とは、プロジェクトが対象とする業務やＫＰＩを絞り込むことである。これを前提として、次の「スコープ定義」における作業範囲や領域などが決まってくるだけに、慎重に進める必要がある。

そのシステム化範囲定義を行う際の基本的な手順を示したものが、**図表3-7**となる。まずデータソースシステムからＫＰＩレポートに必要なデータを抽出して、インターフェースを通じてデータレイクに格納する。次に、そこに格納されているデータを変換および加工して、ＫＰＩ分析用データとしてＤＷＨに格納する。さらに、ＢＩツールなどの機能を使って、ＫＰＩに関するレポートやダッシュボードを作成することで、

図表3−7　システム化範囲定義の基本的な手順と現場のエンドユーザーのかかわり

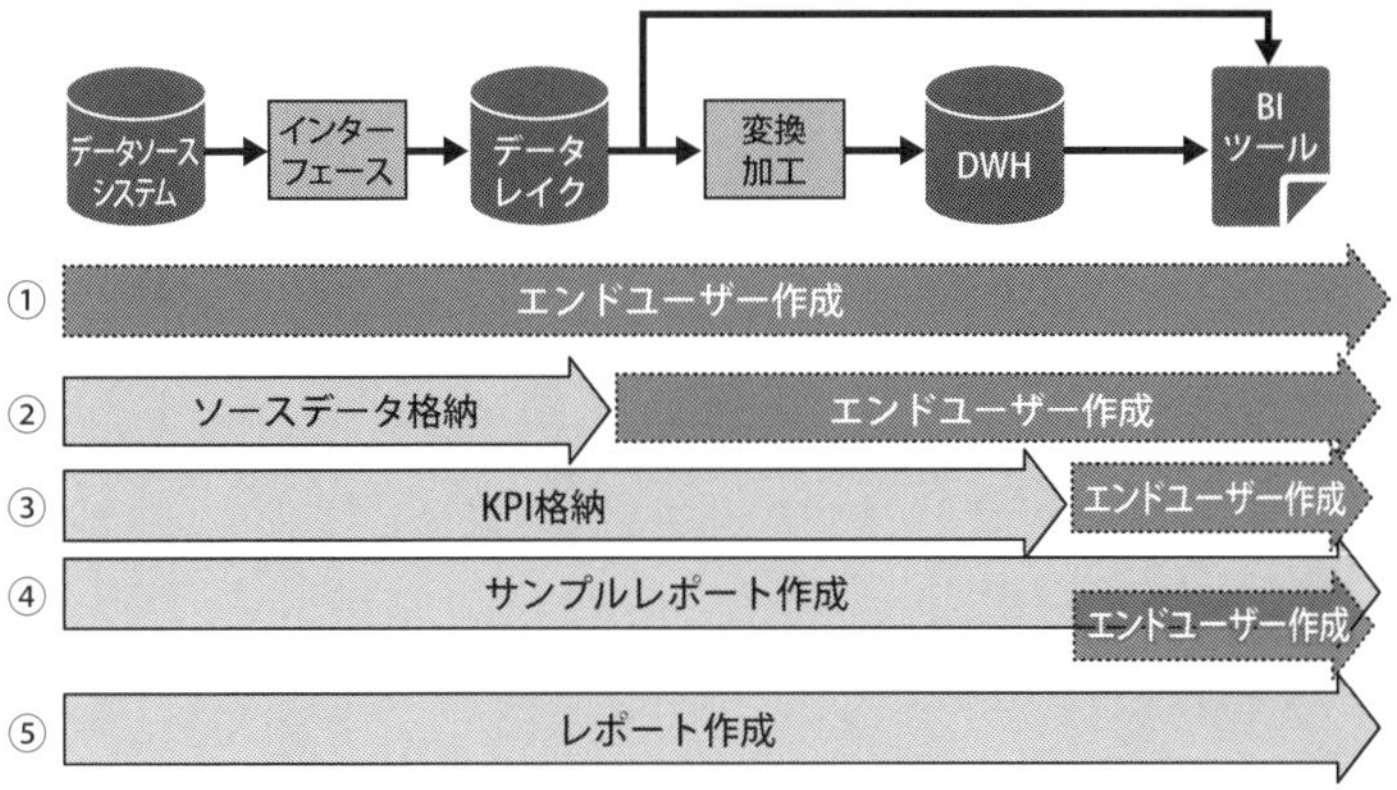

ようやく可視化され、データドリブンな経営管理が可能となる。

図表3−7にある①〜⑤は、それに対して現場のエンドユーザーがどれだけ関与するかというパターンを表している。現実問題として、BIツールをはじめとするデータ分析環境をシステム化しなければならないのは④と⑤だけで、①〜③はExcelなどによるマニュアル対応でも可能な範疇となる。

もう少し細かく見ていくと、KPIの中には、もともとシステム化の必要がなく、エンドユーザーが手作業でレポートを作成すればよいものも含まれている。たとえば、四半期に1回程度しかチェックしないROIやROAは、タイミングに合わせて経営企画部門の担当者がExcelで作成すればよいため、わざわざコストをかけてダッシュボード化する意味はあまりない。このようにシステム化の対象外となる領域が①である。

次に②だが、これはソースデータだけはデータレイクに格納しておき、後は必要に応じて担当者が取り出して、Ｅｘｃｅｌなどでレポートを作成すればよいようなケースである。たとえば、ＲＯＩのレポートを作成する際に必要となるＰ／Ｌの仕訳明細などのデータ収集の手間を省くために、最低限のデータだけは格納しておこう、といったパターンである。

③は、ＫＰＩとしてＤＷＨに格納されている変換・加工後の正規化データを使って、レポート作成はエンドユーザーに委ねるといったパターンである。プロジェクトとしては、ＳＩｅｒなどのパートナーの協力のもとに、ＤＷＨを構築するところまでが範疇となる。

この通り、①〜③のパターンでは、プロジェクトに求められる作業範囲はインターフェースとＤＷＨの構築程度で、レポート作成を行う必要はない。

これに対して④と⑤では、ＢＩツールなどの新システムを活用したレポート作成が必要となる。④はプロジェクト側でサンプルレポートまでを作成して、それを参考にエンドユーザー側で積極的にＢＩツールを活用し、レポート作成のみならず、現場の改善に役立てていくパターンである。

部門内管理レポートなどにおいては、④のケースが多くなるはずだ。たとえば、月次推移の業績レポートの分析軸を変えて事業別や製品別でもチェックしたり、加工を施して自部門の改善化目標によりマッチするようなレポートに仕上げていくことが必要になるからだ。

データドリブン経営というと、企業ではデータをかき集めることに注力しがちだが、いくらデータをたくさん収集できても、それを活用できる仕組みがなければ効果は期待できない。したがって、エンドユーザーを巻き込んでいく必要があるわけだが、そのためにはKPIやデータの価値についての理解はもちろん、システム化した後のオペレーション教育も必要となる。プロジェクトのスコープは必然的に広くなり、作業量も増えていくだろう。

一方、レポート作成作業そのものに自動化が求められるパターンでは、⑤を選択することになる。経営管理において日常的にKPIをチェックするためにレポートの視座を共通化する必要がある場合や、データ収集方法が煩雑で、自動化しなければ業務負荷がキャパシティを超えると判断された場合などである。

その際に重要なのがシステム化範囲定義である。DXプロジェクトにおいては、要件定義まではスムーズに進んでいたものの、いざ経営層に開発見積もりを提出すると、予算が膨らみすぎていて稟議が通らないといったケースが頻発している。これはシステム化範囲定義がなされていないからである。

システム化範囲定義をコスト視点からまとめたものが**図表3−8**だが、To-Beモデル定

図表3-8　システム化範囲定義をコスト視点からまとめたもの

	詳細	プロジェクト作業	追加作業	対象例	コスト
エンドユーザー作成	エンドユーザー自らソースデータをダウンロードし、Excelにてマニュアルでレポートを作成	• なし	• なし	• 部門内管理レポート	低
ソースデータ格納	エンドユーザーは、ソースデータを使用して、レポート上にて各種集計や四則演算機能を利用して作成	• インターフェース構築	• レポート作成教育 • レポート操作教育	• 部門内管理レポート	
KPI格納	エンドユーザーは、格納されているKPIを利用してレポートを作成	• インターフェース構築 • KPI作成	• レポート作成教育 • レポート操作教育	• 部門内管理レポート	
サンプルレポート作成	エンドユーザーは、サンプルレポートを参考にしてレポートを作成	• インターフェース構築 • KPI作成 • サンプルレポート作成	• レポート作成教育 • レポート操作教育	• 部門業績レポート	
レポート作成	エンドユーザーは、レポートを参照するのみ	• インターフェース構築 • KPI作成 • レポート作成	• レポート操作教育	• 経営ダッシュボード • 経営報告資料	高

義でシステム実装する範疇を明確化しておけば、コンサルティングファームから提案されたＫＰＩツリーをすべてシステム化するといった発想には至らない。また、ＳＩｅｒに膨大なコストを費やすこともなくなるはずだ。稟議を通すという意味でも、システム化範囲定義が肝になるといっても過言ではない。

システム化範囲定義において、もう１つ大事な要素となるのが、実装のタイミングである。ＥＲＰのアップグレードプロジェクトと同時進行するケースでは、従来のＥＲＰとは異なる発想で最新バージョンを構築する必要があると解説したが、ＤＸプロジェクト側ではそのタイミングを図る必要がある。ＤＸプロジェクトのシステム環境だけが先に整ったとしても、最新バージョンがカットオーバーしていなければ、ＫＰＩレポートに必要なデータの収集と抽出ができないケースが想定されるからだ。

たとえば、ＥＲＰにデータが蓄積された１年後に、ようやくモニタリングできるようになる年次ベースのＫＰＩも存在する。このようなケースでは、必ずしもＥＲＰのカットオーバー時点でシステム実装をしておく必要はない。限られた予算の最適配分を考慮するならば、予算枠の１００％をシステム実装に充てるのではなく、むしろ運用改善や拡充計画のために、ある程度の予算を確保しておいたほうがよい。

ＤＸやＢＩの導入は「カットオーバーこそスタート地点」なのである。その後の安定稼働

図表3-9　DXプロジェクトにおける3つのフェーズ

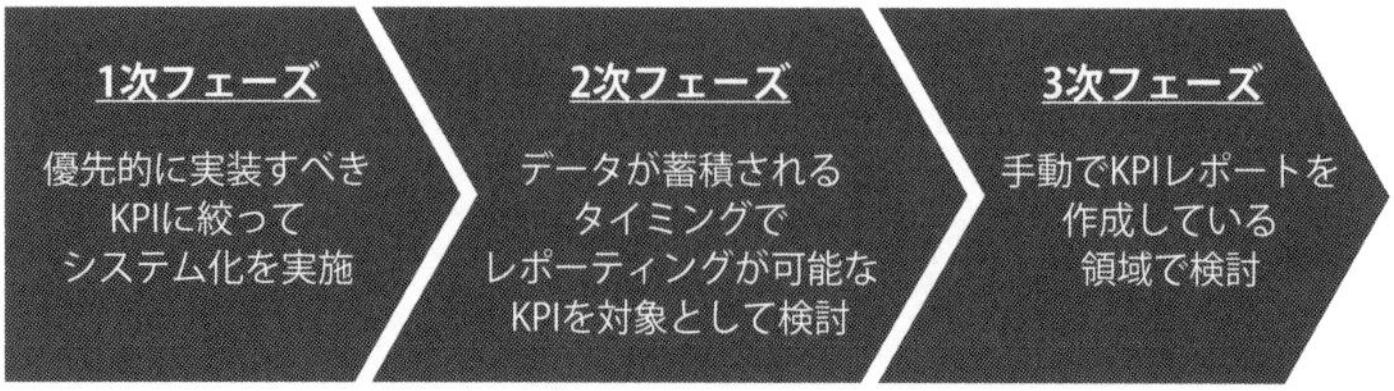
1次フェーズ
優先的に実装すべき
KPIに絞って
システム化を実施
2次フェーズ
データが蓄積される
タイミングで
レポーティングが可能な
KPIを対象として検討
3次フェーズ
手動でKPIレポートを
作成している
領域で検討

がミッションとなるERPプロジェクトとは一線を画することを肝に銘じていただきたい。

そこで、DXプロジェクトにおいては、3つのフェーズに分けてシステム実装のタイミングを図ることが望ましい（図表3―9）。

1次フェーズでは、優先的に実装すべきKPIに絞ってシステム化を完了させる。2次フェーズでは先の最新バージョンのERPのように、データが蓄積されるタイミングでレポーティングが可能になるKPIを対象として作業する。3次フェーズは、すでに手動でKPIレポートが作成されている領域を対象に完了させる。たとえば、Excel運用はできているものの、担当者の負荷が高いことからシステム化に対するニーズが顕在化しているレポートなどが該当する。

このようにシステム化範囲定義において、段階を踏みながら範囲を拡大しつつ、機能拡張を図っていくということも、活用こそが前提となるDXプロジェクトでは重要なポイントとなる。

プロジェクト運営を決めるスコープ定義

次に、To-Beモデル定義における「スコープ定義」について紹介する。これは、プロジェクトで対象とする範囲を明確にしたものだ。とくに範囲があいまいなものについては、プロジェクトの対象なのか、それとも対象外なのかを明確にすべきだ。大きく、①業務スコープ、②システムスコープ、③組織スコープ、④データスコープ、という4つのスコープが存在し、それぞれ定義していくことが必要である。

①業務スコープにおいては、どの業務領域を対象とするかという業務領域、何を目的にデータの分析と活用を行うのかという業務機能、経営層・マネジメント層・現場管理者を含めてKPIの対象が誰になるかという対象ユーザー層を定義していく。

また、②システムスコープでは求められる機能を洗い出すシステム機能、利用するユーザーの規模を考慮した対象ユーザー数を定義していく。ここまではシステム化範囲定義さえ明確になっていれば、比較的シンプルに定義できるだろう。

問題は、システムを利用する対象組織や全国拠点・グローバル拠点を含めてどこで運用し、どこまで利用させるかというロケーションを定義する③組織スコープである。よく問題になるのは、そのプロジェクトが個社にとどまらない場合だ。個社を範疇としてＫＰＩをシステム実装したものの、実際にはグループ企業全体で可視化を図らなければならないケースなどである。とくに、経営管理にかかわるＫＰＩでは、個社だけを対象組織にしていても、経営者からＫＰＩの意義を感じてもらえないケースが少なくない。

ところが、いざ対象組織を拡充しようにも、使用する製品におけるライセンス形態のレギュレーションによって、そう簡単にいかないことがある。要は1社しか利用できないライセンス形態になっていて、グループ会社での利用はＮＧというケースだ。それならライセンス数を増やせばよさそうだが、当然ながら、ライセンス数に応じてコスト負担も増えるため、当初の予算を大幅に上回ってしまうだろう。

また、海外からアクセスが必要となる場合には、セキュリティやネットワークの観点から、実現できない可能性もある。とくに、中国をはじめとする新興国からのアクセスが必要な場合には、新たな環境整備が求められるケースも少なくない。

このように対応が後手に回ると、さまざまな障害が想定される。その結果、プロジェクトが延々と長引いてしまっているケースもあるので、対象組織を定義する際には拡張リスクを含めて定義していくことが肝要となる。

④データスコープも同様である。ここでは、経営管理の対象となるデータ種、データの分

析と活用が対象となる組織を想定した対象データ範囲、そして対象となるKPIに必要なデータボリュームを定義していくが、ここでも個社からグループ、ドメスティックからグローバルになれば、定義すべき条件が変わる。たとえば、海外拠点を含めたグローバル全体で取り組むべきKPIでは、そのデータ量は一気に増大する。

このスコープ定義があいまいだと、システム実装を担当するITベンダーとのトラブルが起こりがちだ。責任の所在に関して、水掛け論になってしまうからである。その結果、プロジェクトそのものが頓挫してしまう可能性さえ考えられる。それだけに、To-Beモデル定義においては、このスコープ定義も重要なファクターとなることは間違いない。

システム機能定義と業務改革定義

システム化範囲定義とシステムスコープ定義をふまえて、開発・実装の具体像を定義するのが「システム機能定義」である。前述したインターフェース、データレイク、DWHはもちろんのこと、データの変換・加工においてはデータベースやシステムからデータを抽出し、扱いやすいフォーマットに変換してDWHに書き出すETLツール（Extract：抽出、Transform：変換、Load：書き出し、の略語）を採用するケースが多い。

また、レポーティングやダッシュボード化を迅速かつ簡便にするためには、ＢＩツールや予算管理システムなどが必要となる。

Ｔｏ－Ｂｅモデル定義のシステム機能定義を行う際には、これらの仕組みをＫＰＩ単位で洗い出してシステム機能一覧を作成し、最終的にシステム全体概要図に落とし込んでいくが、そこでは相応のパワーが必要となる。「ＫＰＩの数×システム機能数」となるので、２００個のＫＰＩと5システム機能の組み合わせだとしても、約１０００行規模のシステム機能一覧になるからだ。

当然ながら、システムとして実装するだけでは、データドリブンな経営管理にはたどり着かないため、あわせて業務改革定義を行う必要があるケースが多い。その場合は、やはり業務改革一覧として取りまとめていく。

業務改革の例として頻度が高いものとしては、マスター統合改革や、グループ統一基準策定が挙げられる。

マスター統合改革を行う理由としては、事業部間・グループ企業間・システム間においてさまざまなマスターで運用されていると、データドリブンな経営管理を実現するうえで、大きな障壁となることが挙げられる。主に品目マスター、組織マスター、得意先マスター、勘定科目マスターなどが対象となる。

マスター統合に際しては運用フローも含めた検討が必要となるが、最近ではとくにＭＤＭ（Master Data Management）がクローズアップされている。これはグループ企業全体などで利用されるマスターを一元的に管理するための仕組みで、これまでは個社もしくは個社内の各サブシステム単位で管理されていたマスターを集中管理し、各サブシステムに配信していく機能が実装されている。これにより、各社、各システムのさまざまなデータを同一の分析軸で分析することが実現できるため、マスター統合時に見直しを図る必要が生じているのである。

グループ統一基準策定が必要なのは、マスターが統合されたとしても、その解釈の仕方がグループ企業によって異なることが多いためだ。とくに、ビジネスに関する文化や商習慣に大きな差異が認められる諸外国にグループ企業が設置されている場合、統一基準の策定は欠かすことのできない業務改革である。

To-Beモデルを実現するためのシステム化計画立案

システム化計画においては、①目的・目標定義、②スケジュール立案、③パッケージセレクション、④RFP（Request for Proposal：提案依頼書）作成、という流れが基本となる。ただし、②、③についてはプロジェクトの規模や企業風土によって順番が前後することもあるだろう。したがって、目的をふまえて各々の要素を確定させることに注力すれば十分だと思われる。

プロジェクトで定義すべき「目的・目標」とは⁉

まずは「目的・目標」の定義だが、これについては第1章における実現目標の設定でも解説してきた。システムを無事にカットオーバーできても、システムだけでは解決できない「目的・目標」があるからだ。それだけに、ここでのポイントはシステム化プロジェクトのねらいや意義を再定義することであり、それによって解決できる範疇を明確化することも含

図表3-10　DXプロジェクトにおいてよく掲げられている目的と目標の例

【目的】	【目標】
①BIシステム導入	①売上前年比２桁増
②経営の可視化（見える化）	②システム保守費用２億円削減
③収益力向上・経費削減・業務効率化	③資料作成1000時間削減

まれる。

その際の注意点が２つある。１つは、目的と手段を混同しないことだ。繰り返し述べているが、システムの構築とはあくまで手段であって、目的ではない。したがって、プロジェクトの目的も経営目線で定義することが大切で、プロジェクトによって組織が得ようとするメリットを明確化しておかなければならない。

もう１つは、目的が達成できたかどうかを判断するために具体的なゴールを設定することである。そもそも、目的とはプロジェクトによって手に入れることができるベネフィットの「方向性」であり、目標とは目的で示された方向性に向かってどこまで走ればゴールなのかを表す「状態」を意味する。つまり、システム化したところでゴールが見えなければ、それは手段とさえもいえないのである。

では、プロジェクトで示すべき目的と目標とは何か。**図表３―10**は、ＤＸプロジェクトにおいてよく掲げられている目的と目標の例である。それぞれ問題をはらむ項目が隠されているが、おわかりだろうか。

まず目的に関する答えだが、システム導入が手段になっている①は×、②は△といえる。正解は③だ。②は方向性が示されているものの、その先は不透明で、課題が明確になっていない。業務目線・経営目線で目的を定めるならば、やはり収益力の向上や経費の削減といったように、何らかの課題に立脚していることが望ましい。その意味で③は、ゴールは定められていないものの、方向性は明確に示されている。

次に目標の例だが、いずれもゴールとする数字が示されているので問題はないように思われる。しかし、実際には①と②は正解だが、③は△である。その理由は、③に示された「1000時間」というのが目安に過ぎないからだ。達成できたところで、本当に経営的なメリットが享受できるかどうかはわからない。単に資料の質が低下している、削減できた時間が有効活用されていない、といった可能性もあるからだ。その意味で、やはり③では目安に過ぎないのである。

これまでの経験を通じて感じるのは、今述べたように、プロジェクトの目的と目標があいまいなまま進んでいるケースが少なくないことである。むしろ、システム構築そのものが目的となってしまっていることが圧倒的に多いのではないだろうか。

そうなると、開発ベンダーも企業側のプロジェクトメンバーも、システムがよかろうが悪かろうが、カットオーバーすることだけに集中してしまう。そのトリガーはさまざまだが、あいまいな「目的・目標」設定によってそうした状況に陥りやすいのは確かで、おそらく時間や予算、体制といった要因がプレッシャーを生むのだろう。したがって、やはり最初に何を達成すべきかということに真摯に向き合う実現目標の定義は重要で、それをふまえてスケジュールや体制、予算枠を立案するというスタンスが不可欠となるのである。

スケジュール立案の考え方

システム化計画のフェーズは実行をともなうだけに、課題解決や具体的な「目的・目標」の達成へ向けてのスケジュール立案が必要になる。このスケジュール立案において鍵を握るのが、マイルストーンを設定し、明確化することだ。ここでいうマイルストーンとは、スケジュール上の重要な節目を意味する。ここで齟齬が生じると、全体に大きな影響を与えかねない。

図表3-11は、システム化プロジェクトにおけるスケジュール表の例である。

最初にスタートとゴール、つまりプロジェクト開始時期とカットオーバーのタイミングを決める必要がある。同時にそれを大きく左右するマイルストーンとして、開発ベンダー契約、

図表3-11　システム化プロジェクトにおけるスケジュール表の例

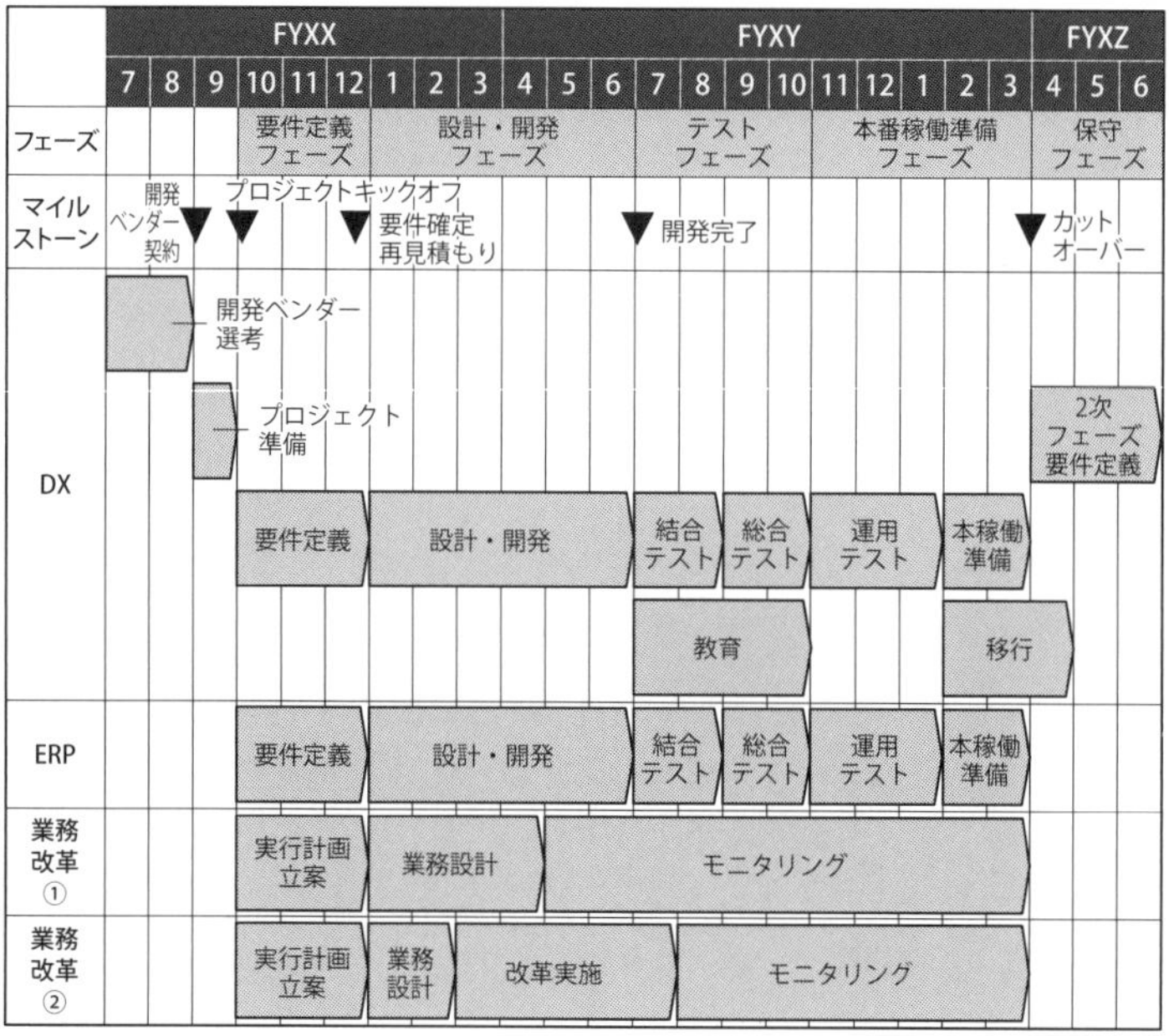

プロジェクトキックオフ、要件確定再見積もり、開発完了、カットオーバーなどが設定されている。

たとえば、開始時期となるプロジェクトキックオフのタイミングだが、これは稟議で承認を受けていることが前提となる。そのため、開始時期を決定するためには稟議申請してから承認されるまでの期間を考慮する必要があるが、稟議申請には思いのほか時間がかかる。少なくとも数カ月は見ておいたほうがよいだろう。稟議に至るまでのプロセスは通常、開発ベンダーの選定期間を経て、選定したベンダーからの見積もりが確定した後となる。また、取締役会の承認が必要となる場合などは、頻繁に開催されるわけではないので、そのタイミングを考慮して稟議申請を議題の組上に載せてもらう努力も求められる。ここでは第1章で言及した「政治力学」の観点から、事前にネゴシエーションをしておくことも必要だろう。

このように、開始時期はプロジェクト側の思惑通りにいかないことが多い。そのことを念頭においたうえで段取りを組まなければ、せっかく立案したスケジュールは脆くも崩れてしまうのである。

マイルストーンがあらかた固まったところで、次にスケジュール表におけるフェーズに注目していただきたい。ここでは要件定義フェーズ、設計・開発フェーズ、テストフェーズ、本番稼働準備フェーズ、保守フェーズと記されているが、いずれもプロジェクト遂行に不可欠な要素である。

スケジュール立案において、とくに注視しておく必要があるのが要件定義フェーズだ。これを丁寧に行う場合は、その期間を明記して、区切っておく必要がある。以降の設計・開発フェーズとは契約形態が異なるからだ。

通常、要件定義フェーズは準委任契約、設計・開発フェーズは請負契約で実施されることが多い。請負契約が業務の完成（成果物）に報酬が発生するのに対して、業務の事実行為（事務処理）を委託する準委任契約では、遂行にかかった工数や作業時間に応じて報酬が発生する。そのため、契約方法を理解し明確に区切っておかないと要件定義に費やす時間が超過しコストがかかり、設計・開発フェーズを圧迫することになりかねないからだ。

図表3–11では要件定義フェーズを3カ月で設定しているが、要件定義にどれくらいの期間を設定しておくかはプロジェクトの規模による。一般的には、3〜6カ月を想定するのが妥当といえよう。

同時に、スケジュール立案では見積もりとの関係性についても十分に配慮しておくことが重要だ。システム化計画においては、開発ベンダーに数回にわたって見積もりを依頼することになるが、正式見積もりが提示されるのは、基本的に要件定義が確定した後となる。要件定義が終わっていない段階で設計・開発の見積もりを提示したところで、ほとんど根拠がないからだ。

とはいえ、プロジェクト側としては稟議を通すためにも、大まかな予算規模は把握しておきたい。そこで複数の開発ベンダーに対して、ＲＦＰの回答時に概算見積もりを依頼することになるのだが、これらは「概算」に過ぎない。したがって、スケジュールを立案する際には、これらの見積もりのタイミングを含めて、要件定義およびそれ以降の開発フェーズの期間を設定する必要がある。

設計・開発フェーズ、テストフェーズのスケジュールについては、プロジェクトサイドと開発ベンダーとの協議となるが、ここでの方法論は開発ベンダーのほうが長けているため、最低限、譲れない部分を確認しつつ、開発ベンダーからの要望や提案にも耳を傾け、それ以外は任せたほうがパートナーシップも強化されるのではないだろうか。

運用テストは少し毛色が異なる。どちらかといえば、エンドユーザーに受け入れてもらうためのテストとなるため、運用テストをできるだけ短縮したいと考える企業もあれば、長めに取ろうとする企業も少なくない。

システム化範囲定義でも説明したが、DXやBIの導入にはKPIレポートの作成を全面的にエンドユーザー側に委ねるケースと、レポートが自動作成される仕組みをプロジェクト側で構築するケースがある。後者の場合であれば、運用テストに費やす期間はある程度想定でき、それほど長く設定することもないはずだ。

ところが、レポート作成をエンドユーザーに委ねる場合はそうはいかない。まず、エンドユーザーが作成すべきレポートの意図や新システムを理解して、それをふまえてオペレーションに慣れていくなど、いわゆる教育・研修の期間が必要になるからだ。この期間は、レポートの複雑性や関係するエンドユーザー数によって異なる。

また、スケジュール表の左側に「DX」と並んで「ERP」「業務改革①」「業務改革②」

と記されているように、企業においてはさまざまなプロジェクトがパラレルに進行することが多い。そうした場合、それぞれのプロジェクトが相関関係にあることも念頭に置いておく必要がある。

たとえば、DXのプロジェクトがカットオーバーを迎えた際には、本来ならばその瞬間から、レポート作成を委ねられたエンドユーザーは業務に反映させなければならないはずだ。ところが、ERPがまだカットオーバーされておらず、レポート作成に必要なデータをERPから取得できなければ、運用テストも不可能なのである。

いずれにしても、レポート作成を委ねられたエンドユーザーは、システムがカットオーバーした時点から業務に反映させていかなければならない。それだけに、さまざまなタイミングを勘案したうえで、運用テストの期間を設定しなければならない。

パッケージセレクション

本書では、これまで、自社ならではの実現目標やTo-Beモデルを策定することが大切だと説いてきた。システム化計画はいうまでもなく、その仕上げとして自社の「目的・目標」に沿った解決策としてのシステムを、いかに無駄なく、かつ効果的に実装すべきかを検討し、立案するフェーズである。

「目的・目標」が違えば、当然、実現すべきシステムも異なるはずだ。コンピュータ導入の黎明期において、独自性の高いシステム構築を支えてきた手法がスクラッチ開発である。ゼロベースの独自仕様からシステムを構築するこの手法は、機能や使い勝手を追求することができるため、自社のビジネスや業務フローにフィットしたものにするという点で、たしかにメリットが認められてきた。

しかしながら、現在、自社のシステムをスクラッチ開発で構築しようとするニーズは、著しく低下している。世の中にはさまざまなパッケージソフトウェアやクラウドサービスが溢れていて、これらの製品やサービスに実装された標準機能をベースとして追加開発すれば、自社にマッチしたシステムとして利用することが可能となっているからだ。

調査会社の富士キメラ総研がまとめた「業種別ITソリューション市場　2019年版」によれば、大手企業はカスタマイズを見込んだパッケージ製品、中小企業は初期投資が少ないSaaSへの移行が進み、国内における同年のアプリケーションの提供形態はクラウドサービスとパッケージ製品が主流になると指摘している。

しかも、その導入目的は業種固有の作業プロセスや商習慣に特化した「業種特化型ソフトウェア」が8割を占める見通しだという。個別開発が必要なスクラッチ開発の需要は、開発や運用に占めるコスト、システム間連携や国際標準をふまえた将来への拡張性などを理由に、間違いなく縮小傾向にあるようだ。

そこで、重要性を増してきているのが、「パッケージセレクション」である。最適な製品やサービスを選定するための手法の1つだが、とくにデータ分析基盤の構築を必要とするDXやBIの領域においては、最新の機能と性能をもつデータベースやBIツールなどを適切に組み合わせて実現する手法が常識とされてきたことから、その重要性が増している。

この領域においては、いわゆるデファクトスタンダードが確立していない。そのため、実際にBIツールを導入してはみたものの、業務に適合できず、結局は使われなくなってしまっている失敗事例も枚挙にいとまがない。

ここでは、そのような状態に陥らないためのパッケージセレクションの進め方を伝授していくが、これはDXやBI領域において常に中立的な視点からアプローチを行ってきた当社ならではのメソッドでもある。主には、

①評価項目の作成

②製品をある程度絞り込む評価候補の選定
③製品評価の実施
④製品評価の取りまとめ
⑤最終的なパッケージの決定

という一連の流れがある。

もちろん、こうした手順を経ることなく、後述するRFPを開発ベンダーに対してダイレクトに提示しても構わないが、その際には適合率の低いパッケージを提案される可能性がある。開発ベンダーのほとんどが、何かしらのパッケージ製品の販売代理店になっていて、自社の技術者も該当パッケージでの経験値が高いため、その製品を推奨するからだ。結果として、適合率の低いパッケージを導入することになり、いびつな状況が生まれてしまう。

そこで、あらかじめ適合率の高いパッケージをいくつか選定しておき、各製品ベンダーや開発ベンダーから詳細情報や提案を受けることで、上記のリスクを軽減するというのがパッケージセレクションのねらいとなる。

パッケージセレクション実施のポイント

パッケージセレクションにおいては、絶対的な基準による評価を行うことは不可能である。パッケージ製品やクラウドサービスには一長一短があり、しかもユーザー要件に大きく左右されるからだ。それだけに、評価基準が厳密である必要はない。「○」「×」「△」程度で十分といえよう。

というのも、パッケージセレクションは最終的な開発ベンダーの絞り込みを行うための評価項目だ。その後の要件定義にも左右されるため、あえて実装レベルまで深掘りする必要はなく、多くの時間を割いてもあまり意味がないのである。あくまでも、パッケージの機能を評価して、その強みと弱みを把握できれば十分なものだ。

ポイントは、製品ベンダー自身の評価は割り引いて評価することである。たとえば、BIツールにおいては「ビッグデータ対応」といった表現が常套句となっているが、それがどの程度のデータ規模や種類に対応しているのかは判別できない。提案側が決め台詞として使ってくるようなら、定量的な根拠を示してもらったほうがよいだろう。

ただし、現実においては、評価に恣意性が反映されることは少なくない。ベンダー側の営業パワーに押されてエンドユーザー側がパッケージの導入を確約していたり、シャドーITとしてすでに部門で導入している場合などは、稟議申請においてパッケージの決定理由を後付けで説明しなければならない。そこでは当然、決定したパッケージの評価が高くなるよう、評価項目を意図的に操作することとなる。

また、トップダウン営業が得意なベンダーにあっては、役員クラスに売り込みをかけて、取り込んでいるケースもある。この場合も、役員からのアドバイスを無下にはできない。結果として、恣意的な評価となってしまうのだ。

パッケージセレクションでは本来、こうした恣意性を排除することが求められるが、現実はそうならないこともある。そのあたりを鑑みて、パッケージセレクションを実施するか否かを判断し、実施するのであれば、外部のコンサルタントなどからアドバイスをもらえる体制を築いておくことが賢明だ。

注意点はそればかりではない。とくにデータの分析と活用に立脚したDXの領域では、パッケージ製品のみならず、クラウドサービスにおいてもデータ分析環境となるプラットフォームが数多く提供されており、選択肢は増える一方である。その中から企業側だけで最適なパッケージを選択するのは、まさに至難の業といえる。したがって、ユーザー起点で提案ができるパートナーを得ることは、該当プロジェクトだけでなく、企業の将来にとっても有益なことになるはずだ。

ただし、そのように客観的に判断できるコンサルタントが少ないことも事実である。そこにたどり着くには、パッケージセレクションをサービス化している会社を探すのが近道となるはずだ。

また、その会社がパッケージセレクションに長けているかどうかの判断は、技術者の経験値とシステム導入実績から一目瞭然だ。特定のBIツールに依存しているのか、それとも市場にあるさまざまなBIツールを使った経験があるかを尋ねるだけで、おおよその見当はつく。要は、各製品のメリットとデメリットを知っているか否かの問題なのである。

パッケージセレクションの実施方法

パッケージセレクションの実施においては**図表3-12**の通り、①机上評価、②RFI（Request for Information：情報提供依頼書）評価、③性能評価、の3つの評価方法が挙げられる。

パッケージセレクションの精度は③にいくほど高くなるが、中立的で、経験豊富なパートナーからアドバイスをもらえる状況であれば、ほとんどのケースは①までで いとも簡単に終わらせることができる。経験や実績から、各パッケージの強みと弱みを押さえているからだ。

図表3-12　パッケージセレクションの実施メニューとデメリット

精度向上

	実施メニュー	デメリット
①机上評価	• 製品ベンダーの公開情報（主にHPの製品紹介ページや製品サポート情報）から製品評価を行う方法	• 公開情報はある程度限定されており、正しい評価とならない可能性がある • 製品情報を公開していない場合、評価ができない
②RFI評価	• Request for Information • 評価項目を製品ベンダーに提示し、回答をもらう方法	• 評価者が各製品ベンダーとなり、同一の基準とならない可能性がある • 製品ベンダーの評価となるため、過大評価になりがちとなる
③性能評価	• 実機を利用して製品の評価を行う方法 • パフォーマンス評価や簡易プロトタイピング時に適用	• 製品ベンダーから試用版の貸与が必要 • サーバー環境やプロトタイプの構築が必要

これに対して、②と③はそれ相応の時間を要する。たとえばＲＦＩは、ＳＩｅｒや製品ベンダーに対して基本情報や技術情報・製品情報などの提示を求める依頼書を指すが、Ｗｅｂサイトなどに記載されていない詳細情報を得られる反面、事前に作成した評価項目を複数の製品ベンダーに提示して回答を待つため、最低でも１カ月間程度の時間が必要となる。

しかも、ＲＦＩを求められた製品ベンダーは採用してもらいたいが故に、基本的にデメリットとなり得る情報は提示しない。そのような偏った情報にもとづくＲＦＩ評価は参考程度の回答にしかならないため、それなりのキャッチボールが必要となる。

③において実機を用いたプロトタイプを開発し、簡易的に運用してみることで自社業務に適

用できるか否かを判定していくとなると、さらに時間とコストが必要になる。それだけに、この段階で③を実施しているケースは稀で、実施するとしても要件定義フェーズに入ってからプロトタイプを開発するケースが一般的だ。

ただし、1年くらいかけてきちんと検証作業を行おうとする企業では、そのサイクルの中でプロトタイプ運用のタスクを入れて、性能評価を行っている。その背景として、いわゆるスモールスタートの考え方が定着していることも指摘できるはずだ。

現実的にはパッケージセレクションもまた、予算と時間との兼ね合いで①②③のいずれかを採用しているケースがほとんどである。基本的に、DXグランドデザインのフェーズに半年ぐらいの時間を確保できれば、RFI評価を通じて、製品ベンダーから十分な回答を引き出すことが可能となる。逆に3カ月程度しか時間を割けないという場合は、机上評価で迅速に済ませようという発想に至るはずだ。

評価項目の体系と評価基準

パッケージセレクションにおける評価項目の体系は、主に①機能面、②非機能面、③継続安定性、④価格面、の4点に大別できる。これらのポイントをまとめたものが、**図表3–13**

図表3–13　パッケージセレクションにおける評価項目のポイント

①機能面	• 業務要件に必要な機能を保持しているか評価する • ユーザーが実現したいことを機能レベルに落とし込む
②非機能面	• 可用性、拡張性、性能、セキュリティ面を評価する • 想定されるデータ量やユーザー数に耐えられる製品かどうかを評価項目とする
③継続安定性	• 会社が継続して製品を提供できるか、製品の成熟度はどの程度か安定性を評価する • 製品メーカーだけでなく、代理店・開発パートナーの数も評価する
④価格面	• 導入費用やランニング費用を評価する • 回答は定価レベルを想定する ※机上評価の場合は、公開情報のみとなるため、評価対象外となる

である。このような評価項目をベースに、実際に「○」「×」「△」程度で評価していくというイメージとなるが、各々の項目を並列的にチェックするだけではなく、実際のプロジェクトにおいて、どこが肝になりそうかを想定して評価する視点も大切だ。

評価項目はおおよそこの4点に絞ることができるが、パッケージセレクションにおいてそれ以上に重要な要素となるのが「評価候補の選定」、つまりどのベンダーに問い合わせを行うかである。

各社が多種多様なパッケージやサービスを提供しているだけに、製品を網羅的に評価することは非現実的だ。そこで事前に候補を絞り込むわけだが、先に述べた通り、パッケージやクラウドサービスは多様化・複雑化の一途をたどっている。それだけに、この「評価候補の選定」がパッケージセレクションの命運を左右するといっても過言ではない。

絞り込み選定の基準としては、①システム規模・予算規模、②実現したい内容との整合性、③差別化要素の反映、などが挙げられる。

①では、対象となるシステムのユーザー数やデータ容量などを想定して、どのクラスの製品が妥当であるか、あらかじめ見当をつけておく。また、ある程度の予算規模が決まっている場合は、それに応じた製品をピックアップしておく必要がある。現実的には、このシステム規模・予算規模が評価・選定の決め手になることが少なくない。価格帯が高くなるほど多機能で性能もよくなるのは当然だが、1億円の予算で1億円のパッケージを選定したら、構築と実装のためのコストが不足することになる。そこから逆算すれば、どのクラスの製品を使うべきかというのは、ある程度、想定できるはずだ。考え方としては、パッケージのコストと構築・実装コストが、「50％対50％」くらいが落としどころになるはずだ。

②では、想定するシステムを概ね満足させる機能をもっているかがポイントとなる。評価項目のほぼすべてがNGになる製品はそもそも評価に値しないため、あらかじめ評価が高くなりそうな候補を選んでおくことが肝要だ。たとえば、ユーザー要件に「将来予測」がある場合は、統計解析ができるBIツールが必然的に候補となる。

③は、異なる特徴をもつ代表的な製品をあえて比較対象とすることだ。いわゆるデファク

トスタンダードと呼ばれるパッケージが評価候補の対象となるが、それ以外の製品も評価候補に加えることで、パッケージセレクションの意義は深まっていく。

製品の例を出すと、ＤＷＨではAmazon Web Service（ＡＷＳ）、Google Cloud（ＧＣＰ）、Microsoft Azure（Azure）といった3大クラウドサービスが提供するプラットフォームがデファクトスタンダードとなっているが、そこに日本製品を入れてみたり、海外で新たに注目されている製品を入れて、バランスを取ってみるのも一案である。

また、ＢＩツールにおいてもアーキテクチャの視点から、データを多次元データベースにあらかじめ保存しておくＭＯＬＡＰ（Multiple OLAP）を使用するか、キューブだけを定義してリレーショナルデータベースにアクセスしてデータを取得するＲＯＬＡＰ（Relational OLAP）にするかなど、それぞれのメリットとデメリットを明確化して検討する方法もある。

このような考え方を基本として、絞り込んだ評価候補のベンダーから回答をもらうわけだが、評価の主体は外部パートナーのアドバイスを含めて自社、もしくはベンダー自身からの回答を基準とするかの二者択一となる。いずれの場合も定量化することがポイントとなるが、前述した通り、ここでは限られた時間の中でパッケージ製品の強みと弱みを把握することが目的なので、「○＝2点」、「△＝1点」、「×＝0点」といった方法で、総体評価できれば十分である。

繰り返すが、製品ベンダーの評価は参考程度にとどめておき、評価基準が各ベンダーで異ならないように調整し、自社で再評価を行うのが賢明だ。なお、絞り込み選定において有力候補になっていても、ユーザー要件で必要となる機能が「対応不可」の場合もある。その場合は代替案を用意してもらい、許容の是非を判断する。

このようなプロセスを経て最終的な取りまとめを行うが、その際のポイントを3つ挙げる。

1つ目は、「総合点を絶対視しない」ということだ。本来ならば、最も高い総合点に至ったパッケージが最終候補となってしかるべきだが、パッケージセレクションの論点はそこにはない。時には点数だけでは測れない非認知な要素も考慮することが大切になる。

たとえば、ベンダーに問い合わせを行った際のレスポンスである。回答を求めても時間がかかるベンダーの場合、導入した後、不具合やトラブルが起きた際の対応も遅い可能性が高い。

また、プレゼンテーションの内容は、ベンダーの誠意の見せ所でもある。最近ではプロトタイプを用意してプレゼンテーションを行うベンダーも増えており、その出来栄えなども評価に反映させるべき要素となる。企業風土やユーザーの好みも含めて、評価結果に加味すべき要素は千差万別といえる。そこは、企業それぞれの判断に任せたい。

2つ目は、候補を絞り込むにしても、1製品に絞り込む必要はないということである。1

つに絞ってしまうと、次に解説するRFPに対する回答も、そこからしか得られなくなってしまうからだ。それでは、RFPの意義も薄れてしまう。

そこで、パッケージセレクションでは複数の候補を残しておき、RFPを提示する開発ベンダーの間口を広げておくというスタンスが必要になる。

3つ目は、選定を外部に依頼する際には、注意が必要ということである。前述したような客観的な評価ができる企業は決して多くない。開発ベンダーであれば何かしらのパッケージを担いでおり、コンサルティングファームにも製品ベンダー出身のコンサルタントがいる。そうなると、外部の依頼先の思惑を含めた評価結果になりがちになる。

たとえば、依頼先からパッケージを購入しないとしても、プロジェクトの以降のフェーズで何らかの関係を維持したいという思惑から、その開発ベンダーに有利になるような製品を選ぼうとしてしまうのである。

現実的には、意中の開発ベンダーがあって、そこに構築・実装を依頼したいがために、パッケージ選定から任せているような出来レースになっているケースもある。ただし、稟議を通さなければならないため、その場合は相応の手順を踏んでいるように見せかける。これではパッケージセレクションの意味がないため、外部委託の場合は委託先を慎重に選ぶことから始めるべきである。

DXにおけるRFPの意義

システム関連のプロジェクトにかかわった人であれば、RFPという言葉を一度は耳にしたことがあるはずだ。要は、システム導入や業務委託を行うに当たって、発注先候補の業者に具体的な提案を依頼する文書である。その流れは、基本的に**図表3-14**のようになる。

まず、発注側はソフトウェアやサービスといったシステム機能の概要から、ハードウェア、依頼事項、保証用件、契約事項などを明記したRFPを作成する。これを受けて、パートナー候補となる開発ベンダーが提案書を作成し、それに対して発注元が評価を行い、契約する開発ベンダーを選定する。そして、契約締結後にプロジェクトが始動する。

クライアントとなる企業側と開発ベンダーの関係は、これまでは口約束やあいまいな発注が少なくなかったため、開発現場の混乱や納期遅れ、システム障害といったトラブルにつながってきた。そこで、RFPを通じて事前に調達条件や契約内容を明らかにしておくことで、コミュニケーションエラーをなくし、お互いのリスクを回避するとともに、良好なパートナーシップを築いていくことが求められている。

図表3-14　RFP作成からプロジェクト始動までの基本的な流れ

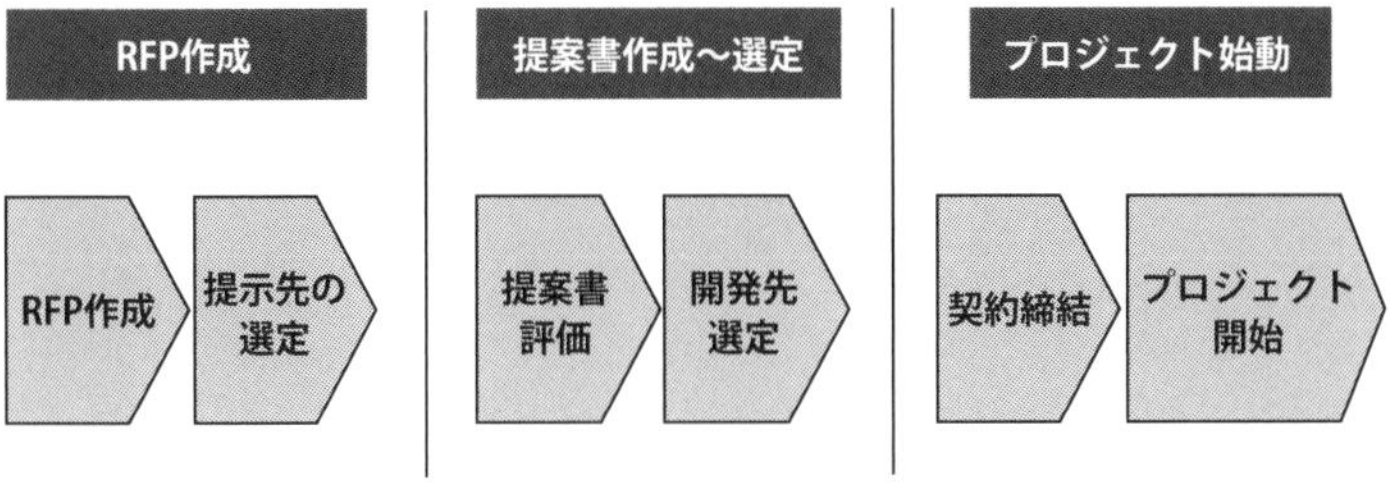

このＲＦＰの成否は、とくにＤＸの導入においてきわめて重要になる。ＤＸにおいては、パートナーの存在がこれまで以上に成否を大きく左右することになるからだ。「プロセス（処理）志向」、すなわち業務プロセスの改善に力点が置かれてきた従来のＩＴシステムの構築においては、「定石」が確立されてきた。これに対して、データ志向のＤＸでは、これまで述べてきたようにビジネスや経営の変革を促すものであり、そこで求められる「目的・目標」は企業によって千差万別だ。しかも、その価値は活用を通じてしか生まれない。それだけに、自社の要望や情報を正しく伝え、開発ベンダーとなるパートナー先候補がもつ経験や知見を引き出し、自社の要望に合った提案を選択することが、これまで以上に重みを増しているのである。

ここではそのような観点から、ＤＸプロジェクトならではのＲＦＰのポイントを再確認していく。

ＲＦＰ作成における４つのポイント

ＲＦＰを実施すると、コミュニケーションエラーの低減のほか、同条件による客観的な提案や見積もりの比較、より正確な課題抽出や設計の把握など、さまざまなメリットが期待できる。なかでも、「カットオーバー＝スタートライン」となるＤＸにおいて、システム導入後の運用体制までも見据えた発注が可能になる意義はきわめて大きい。

一方のデメリットは、相応の時間を要するためにプロジェクト側に負荷が高くなることだ。ＲＦＰを提出して開発ベンダーから納得がいく回答を得ようとすれば、やはり１～２カ月の期間が必要となる。そうなると実施するタイミングも難しい。ＲＦＰの選考期間をプロジェクトの実行計画にもとづいて設けようとすると、逆算して１カ月程度しか割けないケースも少なくない。

その場合、できるだけ簡易なＲＦＰにすることになるが、そもそもＲＦＰは「要件定義」を実施することが前提となるので、詳細は「要件定義」のフェーズで決めればよいのである。むしろ、ＲＦＰの内容があまり詳細すぎると、開発ベンダー側の提案が小さくまとまってしまうことにもなりかねない。どのベンダーの提案も代わり映えがしなくなり、比較すること自体が難しくなるため、RFPにはあえて具体性を求めすぎないようにしたい。

また、「パッケージセレクション」と同様、特定ベンダーと一緒に作成するのは危険をともなう。それ以降のフェーズの獲得をねらって、ベンダー自身に有利になるような思惑が働いてしまうからだ。

そこでRFP作成のポイントだが、基本的には次の4点に留意することが肝要だ。

①システム導入目的を理解できるような資料とする

どのような課題を解決したいのか、その解決策としてどのようなシステムを構築したいのかを明確かつ端的に記載する。

②見積もり範囲を明確に提示する

ERPをはじめとする基幹システムにおいては主として業務領域を示すことで見積もり範囲が明確になるが、DXやBIの場合は対象となるレポートやKPI、そのデータソースの範囲を明確に提示することが重要となる。

③開発の工数算定ができるような情報を盛り込む

概算で構わないので、必要となるインターフェースやレポート本数など、「目安」となるシステムの規模感を記載しておく。

④制約条件を記載しておく

オンプレミス環境もしくはクラウド環境で実装したいのかをはじめ、ＯＳやデータベースなどの指定がある場合は記載する。また、納入期限がある場合は、いつまでに実装が必要かといったスケジュールも記載しておく。

これらのポイントをふまえたうえで、ＲＦＰの全体構成は**図表3-15**のように①システム概要、②提案依頼事項（機能要件など）がメインとなる。さらに②の中でも非機能要件、開発条件、保守条件、契約条件は重要だ。加えて、スケジュールや対応窓口などを記載した③提案手続き、現行システムがあればその仕様などを示した④添付資料も添えたほうがよいだろう。

たとえば「開発条件」においては、客先常駐のオンサイト開発になるのか、持ち帰りによるオフサイト開発になるのかによって、開発ベンダー側の提案内容が変わってくるケースも

図表3-15　RFPの全体構成例

①システム概要
- 1. 背景・目的・方針
- 2. 解決したい課題とねらいとする効果
- 3. 新システム概要
- 4. 利用者

②提案依頼事項
- 1. 提案依頼範囲
- 2. 機能要件
  - 1. BI機能要求
  - 2. ETL機能要求
  - 3. DB機能要求
- 3. 非機能要件
  - 1. 可用性
  - 2. 性能・拡張性
  - 3. 運用・保守性
  - 4. セキュリティ
- 4. 開発条件
  - 1. 開発期間
  - 2. 開発手法・プロセス
  - 3. 開発体制
  - 4. 納品物
  - 5. 移行
  - 6. 教育・引き継ぎ
- 5. 保守条件
  - 1. 瑕疵担保
  - 2. 監視
  - 3. サポート内容
  - 4. ソフトウェア保守
- 6. 契約条件
  - 1. 契約方法
  - 2. 契約期間
  - 3. 見積もり

③提案手続き
- 1. スケジュール
- 2. 対応窓口

④添付資料
- 1. 現行システム概要
- 2. 現行I/F一覧
- 3. 現行データボリューム
- 4. 現行レポート一覧

ある。また、ＤＸやＢＩにおいては導入後のサポートがきわめて重要になるため、「保守条件」も明確に定義しておく必要がある。さらに、常識的なことではあるものの、請負契約か準委任契約かを含めて、「契約条件」を明記しておくことも重要だ。

最後に回答後の評価方法だが、パッケージセレクションで説明したＲＦＩと同様、ここでも利用する製品の評価は欠かせないが、①機能面、②非機能面、③安定性・継続性の３つにおいて、より具体的に実装レベルで検討することがポイントとなる。

①機能面では、業務要件に必要な機能を保持しているかを評価し、実現したいことを機能レベルに落とし込む。②非機能面では、可用性、拡張性、性能、セキュリティの観点か

ら評価するとともに、想定されるデータ量やユーザー数をふまえた製品のキャパシティを見定める。③安定性・継続性では、成熟度の観点から製品の安定性を評価するとともに、その製品が将来にわたって継続的に提供・サポートされるものであるかを判定する。この場合、製品ベンダーだけでなく、代理店や開発パートナーの数も評価の対象とする。

なお、RFIでの評価との最大の違いは、実現できない場合の代替案を徹底検証することである。この業界では評価の際に足切りとなるポイントをノックアウトファクターというが、RFPではそれがゼロの開発ベンダーを選ばなければならない。プロジェクトがスタートした後に、選定した開発ベンダーに「できません」といわれては困るからだ。

そうならないためにも、納得がいく代替案を提示させて、必要条件・十分条件の観点で「目的・目標」に応じたシステムの実現が可能かどうかを念入りにチェックしていくことが肝要だ。

DXグランドデザインで、前例主義の殻を突き破れ

ここまで、DXグランドデザインという視点で実現目標のあり方や方法論を述べてきた。プロセス（処理手順）に着目してきたIT以上に、データに重きを置くDXにおいては、DXグランドデザインの重要性がいっそう増していることを実感していただけたに違いない。

昨今、DXの解説書などでは「VUCAの時代を乗りきる変化対応力」といった表現が見られるが、不確実な時代において本当に変化を読みきることができるのだろうか。誰にも読みきれないからこそ、多くの企業が試行錯誤を続けているのが実態だろう。

また、DXも万能なシステムではないので、どのような変化にも対応できるわけではない。テクノロジーの進化にともなって、最新のシステムもいずれ必ず陳腐化するのである。したがって、変化対応力を考える以前に、まずは自社を強くする方法を考えたほうが、よほど無理がなく、効果的ではないだろうか。

では、どうすれば自社を強くできるのか。その解の1つは、やはり「自社独自の最適な方法」を熟慮し、実行することである。しかしながら、多くの日本企業には前例主義が蔓延し

ているといわれる。その結果、「最適な方法」よりも、使い古された方法やポピュラーな方法から脱却できずにいるのだ。これではＡｓ－Ｉｓ分析を実施したところで、理にかなったＴｏ－Ｂｅモデルは描けないだろう。

また、実行する施策もＴｏ－Ｂｅモデルから遠ざかっていくに違いない。多くの企業は、そうした課題に対して新しい人材を加えることでカバーしようと努力しているが、そうした人材もやがて、組織の壁にはばまれるのが実態である。そこで、ここでは本章のまとめとして、方法の原理や本質について改めて考え、共有したい。

西條剛央氏の著書『チームの力』（ちくま新書）では、東日本大震災における「日本最大級の支援プロジェクト」を牽引してきた著者が、あらゆる場面で通用する原理や共通の本質を探り出す構造構成主義の理論にもとづき、新しい組織論を展開している。

その中で、「方法」を「特定の状況において使われる、目的を達成するための手段」と定義している。つまり、「方法の有効性は、（1）状況と（2）目的に応じて決まる」わけだが、その意味で『前例に倣う』という方法は、状況と目的」に変化が生じない場合に機能することが多いと想像できる。

これをＤＸの導入に当てはめてみると、変化を求めないのであれば、そもそも導入する必要はなく、Ｔｏ－Ｂｅモデルも無用の長物になってしまうはずだ。しかし、現状のままでは目的を達成できないため、ＤＸの発想で解決を図ろうとしているわけである。

その際に、「隣の芝生は青い」の発想で他社の前例を踏襲するケースがよく見られる。しかしながら、それが見習うべきベストプラクティスであったとしても、前例であることに変わりはない。したがって、変化が激しい時代にあっては、いずれ機能しなくなる可能性が高いのである。

このように考えてみると、ＤＸグランドデザインとは、やはり「自社を強くすること」を徹底して追求することが重要なのである。それは、前例主義から脱却することから始まるのかもしれない。

これまでのＩＴ施策は、現場の要望を起点とする問題解決をテーマとしてきていた。これに対して、経営の観点から達成すべき目的やそのプライオリティを考えていくのがＤＸグランドデザインだ。ＤＸプロジェクトを展開するに当たって、どうしても必要なバイブルのようなものといえる。ＤＸグランドデザインに対して真摯に向き合うことが、ＤＸ導入プロジェクトの成功の鍵を握っているといっても過言ではないのである。

第4章

想定される経営課題と解決事例

前章までは、ＤＸを進めるうえできわめて重要な実現目標の必要性と「ＤＸグランドデザイン」の方法論について解説してきた。簡潔にいえば、ＤＸの導入を経営課題の解決策として位置づけるためには、明確な実現目標の設定が不可欠だということである。

本章では、実現目標を設定するための材料として、多くの企業が直面している経営課題のうち「経営管理」「販売管理」「原価管理」「物流管理」「生産管理」「会計管理」の６項目をクローズアップし、それぞれの現状と課題を解説する。また、コンサルタントとしての経験をふまえた事例を通じて、ＤＸアプローチによる解決策も紹介する。実現目標を策定する際のヒントにしていただきたい。

業務領域一覧

1	**経営管理** 1-1 連結管理 1-2 予算管理 1-3 PSI管理 1-4 製品ライフサイクル管理
2	**販売管理** 2-1 収益管理 2-2 見込管理 2-3 案件管理 2-4 売上予測
3	**原価管理** 3-1 連結原価管理 3-2 プロジェクト原価管理
4	**物流管理** 4-1 入出庫管理 4-2 在庫管理
5	**生産管理** 5-1 品質管理 5-2 工程管理
6	**会計管理**

1 経営管理

企業は自社の経営理念やビジョン、中長期の経営戦略をふまえて目標を策定し、その達成に向けてさまざまな事業活動を展開している。そして、ビジネスを効率的かつ効果的に推進していくためには、ヒト・モノ・カネ・情報といった経営資源の配分や調整を常にモニタリングする必要がある。そのための方法論や実践的な取り組みの総称が、経営管理なのである。

経営課題として真っ先に浮上するのは、その経営管理だろう。ただし、経営管理という領域は、ほかの課題と大きく異なる点がある。経営管理とは経営資源の最適化をめざすことであるため、部門横断が前提となっていることだ。多くの場合、日本企業の組織はフラットではなく、縦割り組織となっている。そのため、これまでは販売管理であれば営業部門、原価管理であれば生産管理部門といったように、課題も縦割り構造の中でとらえられてきた。

しかし、経営管理の課題にはさまざまな要素が含まれ、その原因も一様ではないため、部門横断の発想が求められる。もちろん、業種や業態、企業が抱える個別の事情によってプライオリティに対するスタンスは異なるものの、最大公約数としての共通項はある。ここではその共通項を探りつつ、経営課題として想定される①連結管理、②予算管理、③ＰＳＩ管理、④製品ライフサイクル管理について詳述する。

1-1 連結管理

連結管理とは、端的にいえば「グループ企業全体の業績を把握する手法」である。上場企業や大企業はもちろんのこと、中堅・中小企業であっても、複数のグループ会社をもつ企業は数多い。

連結管理は「制度連結」と「管理連結」に大別され、いずれも財務上の連結をふまえたレポート作成を実施するが、その目的は大きく異なる。前者は株式上場している企業がステークホルダー（利害関係者）、とりわけ株主や投資家を対象として情報提供（公正な財務開示）を行うことを意味し、後者はグループ全体での経営管理の実現を目的としている。

そのため、制度連結ではＩＦＲＳ（International Financial Reporting Standards：国際財務報告基準）や米国に上場している場合は、ＧＡＡＰ（Generally Accepted Accounting Principles：公正妥当と認められる会計原則＝米国会計基準に準ずる）などにもとづいたレポートの作成が求められる。

上場企業は四半期単位での業績開示が法定義務となっており、作成レポートはその開示内容に沿ったものとなる。

一方、管理連結では任意の範囲や分析軸で財務連結を行うなど、独自色の強いレポートを作成する傾向があり、昨今は経済のグローバル化とともに、その重要性は増してきている。子会社や関連会社を設立する際には、グループ全体での効率的な資金調達や経営資源のバランスを調整しなければならない。また、海外に子会社を設置する場合には、為替レートの変動に応じてリアルタイムで資金バランスを把握しておく必要がある。そうなるとグループ各社の実態を迅速かつ適切に把握し、バランスの最適化を図るために、管理連結は不可欠な要素となる。

なお、管理メッシュに関しては、基本的に制度連結ではグループ全体で1本ないしはセグメント別で行われ、管理連結ではほとんどの企業が事業ないしは品目単位で作成している。

「制度連結」におけるシステム化の現状と課題

図表4-1は、一般的な企業における連結管理の策定例を財務三表ごとに表したもので、○はシステム化されている部分、△は一部の企業でシステム化されている部分、×はほとん

図表4-1　一般的な企業における連結管理の策定例

			制度連結			管理連結
			実績	計画	見込	実績
作成頻度			四半期	年次	四半期／月次	月次
種類	P/L	売上	○	○	○ 各社から収集	○ 外部売上高を集計
		売上原価	○	○	△ 原価率から算出	△ 連結標準原価を適用
		経費	○	○	△ 未消化予算を適用	△ 予算値を適用
	B/S		○	△ 主要科目のみ	×	×
	C/F		○	△ 投資計画のみ	×	×

どの企業でシステム化されていない部分である。

ご承知の通り、P／L（Profit and Loss Statement：損益計算書）は収益から費用を差し引いた利益を把握するための書類であり、B／S（Balance Sheet：貸借対照表）は一定時点における経営状態（資産・負債・純資産）を表すものである。また、C／F（Statement of Cash Flows：キャッシュフロー計算書）はカネの流れを読み解くための決算書である。

これらを前章で述べた「実績・計画（予算）・見込（将来予測）」という観点から整理すると、一見してわかるのは四半期に一度の開示義務がある制度連結の「実績」にはきれいに○が並んでいるが、それ以外は△や×が多いことである。△については、やっていたとしてもExcelで作成されているのが現状だ。

次に制度連結の「計画」だが、P／Lについては年次ベースで予算を組み込んで作成している企業が多い。ところが、B／SとC／Fについては作成している企業もあるが、決して多くはない。しかも、売掛金、在庫、固定資産などの主要科目に限定されていることが多い。投資計画についてはたいていの企業が作成しているものの、C／Fという観点で実施しているかどうかは疑わしい。

「見込」については、売上に関してはしっかりと作成している企業が多い印象だ。ただし、そのほとんどは四半期単位である。決算の早期化に取り組む企業が増えつつある中で、月次データを重視する企業も散見されるが、連結ベースで「見込」を作成するのはかなりの労力を要するため、P／Lの作成で精一杯ということなのだろう。B／S、C／Fの「見込」を作成しているという話は、まず聞こえてこない。

「管理連結」におけるシステム化の現状と課題

これが管理連結となると、各社の実態を迅速かつ適切に把握することをめざしているため、必然的に月次単位で作成することになる。ところが、P／Lについてはおおよそ月次で作成しているとしても、B／SとC／Fを作成している企業は稀ではないだろうか。P／Lにしてもできているのは売上だけで、図に示された通り△と×がずらりと並ぶ。

本来ならば、管理連結でこそP／Lの売上原価や経費を可視化することが大事なように思えるのだが、そこに手がつけられていないのは、単に煩雑だからという理由だけではないようだ。要は、ソリューション（解決策）が見当たらないのである。前述した通り、ほとんどの企業が管理連結をExcelで作成している。これはこれでよいのだが、その方法が今後も維持すべき最善策なのかといえば、おそらく違うだろう。Excelは属人化の弊害から逃れがたいうえ、データ量が増大するにつれてパフォーマンスの低下やデータ破損といった課題も懸念されるからだ。

現実的には、やはりシステム化が望ましいのではないだろうか。そこで、次にこの未踏の領域におけるシステム化の事例を示しておく。ここでは単にアイデアの是非を問うのではなく、実現目標の策定に当たってのヒント集としてとらえていただけると幸いだ。

管理連結のためのシステム化

■管理連結の自動作成：P／L編

【売上】

各社の外部売上をERPなどの基幹システムから自動収集
（グループ全社がERP導入済みであることが前提）

【売上原価】

あらかじめ登録しておいた連結標準原価を売上数量で乗算

【経費】

予算値および既経過月の未消化分を加算して算出

管理連結でP／Lを作成する場合、単純に各社のP／Lデータを収集したところで、連結財務諸表として活用できるかというと、決してそうはならない。「連結決算処理」というプロセスが必要になるからだ。

売上については、グループ各社ですでにERPを導入しているのであれば、比較的、シンプルな方法で自動化することができる。ERPそのものには連結管理の機能はないものの、その最大の強みは何といっても実績データの統合化が図られている点にある。そのため、ERPの会計モジュールから「外部売上高」という勘定科目の実績データを収集すれば、BIツールなどで難なくグループの売上を集計することができる。

売上原価に関しては、少しハードルが高くなる。「連結標準原価」という概念を導入し、それをあらかじめ設定しておき、これに売上数量を乗算することによって売上原価を算出するのである。連結標準原価とは、連結ベースの管理対象単位を規定し、その管理対象単位における内部取引によって発生する「未実現利益※」を含まない、管理連結ベースの標準原価を意味する。後に「原価管理」の項で詳述するが、財務会計上は個社別に標準原価が設定されている。そのため、グループ企業間をまたいで生産される製品の標準原価には「未実現利益」が含まれる。

経費については、基本的に「予算」と整合しているはずである。そのため、BIツールなどで「予算値」および既経過月の「未消化分」を加算することで、管理連結のレポートを自動作成することが可能となる。

ここではBIツールの導入と活用を推奨したが、じつは同じことがExcelでもできないわけではない。ただし、これをExcelで実施しようとするには、かなり手間がかかる。システムで自動化し、BIツールで可視化して分析する環境を築いておくことが、その先のDXを推進する原動力になるだろう。

※未実現利益：連結グループ会社間の内部取引から生じた利益のうち、期末までに実現していない利益を指す

■「見込」の半自動作成（予算管理システムの活用）

第2章の「定量情報」で述べた通り、「見込」は将来予測という点で、きわめて重要なKPIとなり得る。ただし、制度連結でも手つかずの状況であるのは、やはり最もシステム化の難易度が高い領域であるからだ。

そのための解決策を示した事例が、予算管理システムを活用した「見込」の半自動作成である。これは各社で入力可能なフォーマットを用意して、そこに予算の代わりに月次の「見込」を入力させる仕組みである。これにより、売上原価は各社の平均原価率を単純に掛けて算出し、経費は未消化予算を加算するという、いたってシンプルな仕組みが実現できる。

ちなみに、予算とは「目的を達成するために必要なコストを計画すること」である。予算の編成と管理プロセスの質的向上が計画の決め手となるだけに、予算管理システムは予算策定のためのパッケージソリューションとして、大手企業を中心に浸透しつつある。

しかし、予算管理システムは予算策定だけに使用するツールではなく、じつは汎用性が高い。それは、入力を前提とするExcelライクな設計思想にもとづいているからだ。極端ないい方をすれば、OLAP（Online Analytical Processing）分析（オンライン分析処理）を行うBIツールがデータベースやDWHなどに蓄積されたデータと連携して可視化を実現するツールであるとすれば、予算管理システムは「入力できるBIツール」と表現してもよいだろう。

ただし、「連結決算処理」というプロセスが必要になるため、残念ながら、現時点では完全自動化には至っていない。それでも、これまではグループ各社がExcelで作成した業績報告書を回収するしか方法がなかった。しかも、ファイルの言語やフォーマットはバラバラだったものを、手間と時間をかけて統合していた。このような領域を半自動化できれば、さまざまなデータ分析と活用が可能になる。その後のDX展開においても、きわめて有効な解決策になるはずだ。

1-2 予算管理

どんな企業においても、必ず年次単位で予算を立案しており、大きな企業ともなれば、予算をボトムアップで積み上げながら調整し、トップダウンで最終判断を行うという一連の作業に半年以上をかけて取り組んでいるところも存在する。予算の策定を通じて的確な目標設定を行うことは、経営トップの意思決定の基盤となるからだ。

3月決算の企業の場合、早ければ夏ごろには来期に向けた予算策定作業が始まる。まずは翌期の予算をどのように積み上げるべきかという計画策定に着手し、その方針に沿って各部門に入力させていくわけだが、ここでもやはり売上に関する目標が、あらゆる予算の前提となる。製造業であれば当然、その売上目標に従って生産計画を立案する。販売会社であれば、仕入れと販売の計画との整合性を調整する。昔であれば、創業者がトップダウンで決めてしまうこともあったはずだが、グローバル化や顧客志向が顕著な現代では、そういう決め方はまず考えられない。ボトムアップで積み上げた数字を経営トップがチェックして、経営判断のもとに数字を積み上げたり、経費削減案を検討するなど、現場とのやり取りを繰り返して、現場もトップも納得したうえで最終的な予算を確定させるというスタイルが一般的だ。

各種システムは、じつはこういった調整を必要とするプロセスは不得手である。したがって、ほとんどの企業が予算策定のプロセスにＥｘｃｅｌを使用している。しかも、予算管理用のＥｘｃｅｌフォーマットは多くの場合、部門ごとにバラバラで不統一だ。そこでこれらを解決するために注目されるのが予算管理システムである。しかしながら、実際にそれを導入し使いこなすには、いくつかのハードルを乗り越える必要がある。

第一に、予算管理システムが高価であるという点だ。売上予算や原価予算、経費予算など、管理すべき項目は多岐にわたる。それらをすべて予算管理システムに移行するだけでも、導入コストは膨れ上がってしまう。また、予算管理システムはユーザーライセンス制になっている製品が多いため、ユーザー数によるコスト増が大きな負担になっている。

第二に、システムをいったん導入し、構築してしまうと融通がきかない点である。そもそも予算の考え方は経営環境などの影響を受けやすく、ほぼ毎年のように変わるものである。また、販路や製品も一定ではなく、常に新製品が市場に投入されつづけ、新たな顧客が開拓されていく中では、予算管理システムにもきめ細かなメンテナンスが求められるのだ。硬直的なシステムでは、実際の役には立たないだろう。

第三に、定性情報の扱いが難しい点である。基本的に、予算管理システムはフォーマットに入力された情報をアウトプットするという恣意的な運用を排除した仕組みであるため、

Ｅｘｃｅｌのようにコメントを加えるような裁量幅がない。実際のビジネスでは戦略の変更や環境の変化への対応を求められる場面が多く、定性情報を上手に活用しなければならない。定性情報との相性の悪さは、予算管理システムの弱点といえるだろう。

「予算管理システム」導入の留意点

以上のような問題点を考えると、Ｅｘｃｅｌの使い勝手のよさが際立つ。とはいえ、予算管理システムは、データ収集の効率化、承認ワークフローや進捗管理機能の活用という点で、Ｅｘｃｅｌとメールを基軸とした従来の予算管理の方法に対して大きなアドバンテージをもっている。

図表4-2は製造業における「予算データの種類」を表したものだが、少なく見積もっても、企業にはこれだけの予算データが必要になる。システム化に当たっては、まずたくさんの予算種類から対象範囲を定義することが必要だ。

図表の■で示した部分は、多くの大企業においてすでに予算管理システムを導入している予算種類である。その理由は、データの収集に腐心するところであるからだ。

たとえば、大手企業であれば販売部門だけでも数十もの単位になるため、販売計画を

図表4-2　予算データの種類

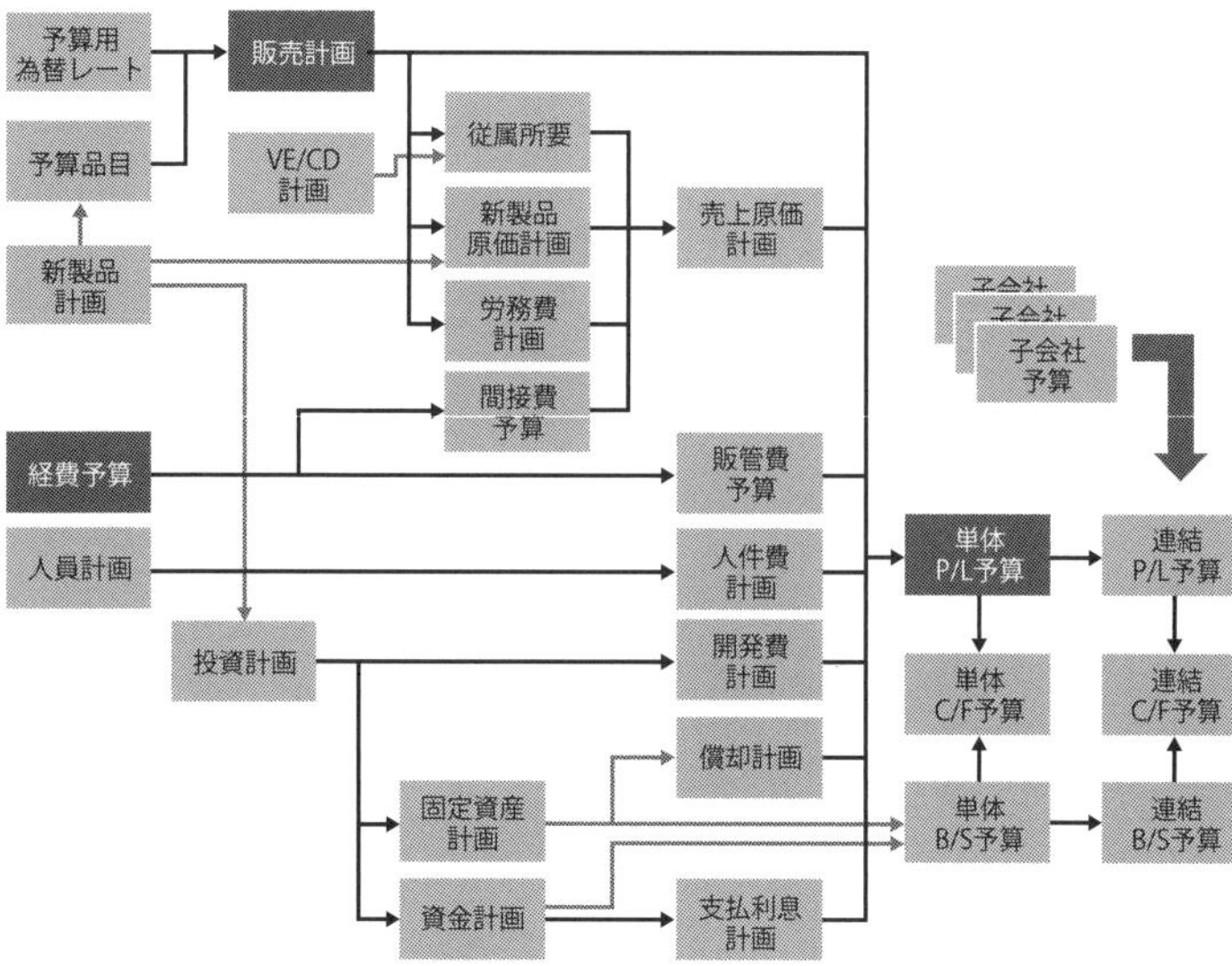

Ｅｘｃｅｌで作成しようとすると、膨大な数のＥｘｃｅｌファイルを回収する必要がある。予算編成の担当者にとっては、予算管理に関するメールのやり取りだけでも大変な手間だろう。そこで、予算管理システムを採用するに至っている。

一方、その他の■で示したほとんどの部分では、主としてＥｘｃｅｌが使われている。これは、作成難易度が高かったり、利用ユーザーが限定されているためである。この煩雑さを解決する術を考えると、Ｅｘｃｅｌで行われている仕組みを予算管理システムへ移行する方法も検討すべきだろう。

その際に留意しなければならないの

が、「導入難易度」と「投資対効果」である。前述した通り、予算管理システムの導入プロジェクトはカスタマイズが多く、難易度も高い。それだけに、失敗に終わるケースが少なくない。予算管理システムの導入プロジェクトの成功率は、2割〜3割程度ではないだろうか。

その背景には、単にシステム化の難易度が高いというだけではなく、結果として十分な効果が得られないことが挙げられる。システム化したところで、業務も改善できず、コストも削減できないとなると、まったく意味をなさない。

最も導入規模が小さい項目である「償却計画」を例に考えてみる。基本的に、償却計画は通常、経理担当者が年に一度、固定資産計画にもとづいて計算しているのが実態だろう。半日もあれば終わる作業だ。ところが、これを予算管理システムに組み入れようとすると、大変なことが起こる。固定資産の「償却計算処理」というプロセスを実装しなければならなくなるからだ。そもそも償却計画は、入力しながら構想を描いているわけではなく、現状の固定資産や新規購入予定の固定資産に対して定率法や定額法といった償却計算を実行して、そこから結果を得ることができる。それを予算管理システムで実行することになると、標準装備されていない償却計算機能を付与しなければならない。当然、システム構築の難易度が上がるだけでなく、導入コストも大幅に膨らむだろう。ライセンスコストをはじめとするランニングコストも軽視はできない。数百万円もかけて実装したシステムのベネフィットが、経理担当者の半日分のコストだとすれば、笑い話にもならないだろう。

ましてやDXという展望の中で考えるならば、経営に寄与することが必須となる。経営の観点から実現目標を策定するのであれば、償却計画のような効果が期待できない領域のシステム化は、おのずから排除していくことが理にかなっている。

このように、いまExcelでできていることをあえてシステム化する際には、システム化の難易度を見きわめ、その導入効果や投資対効果を念頭に置いて考えることが基本となる。予算管理システムに限らず、システム化対象には期待効果が高く、構築難易度が低いものを推奨する。このことは当然、実現目標の策定においても十分に配慮すべきである。

事例

予算管理システムの構築難易度低減策

システム化の難易度が高い予算管理システムだが、次の通り、業務改革と並行して構築することにより、難易度を低減させることが可能となる。

①コード体系の統一

企業においては、目標への達成度合いを把握する「予実管理」を重視しているケースも多い。そこで注目されているのが「予実分析」だが、そのためには予算・見込・実績に付与する各種コードと階層を同一にしておく必要がある。

また、部門ごとに異なる分析軸で運用しているケースもあるが、業務改革の観点においては極力、統一することを推奨する。

②フォーマットの統一

企業においては、同一の予算種類で、組織ごとにフォーマットが異なるケースが見受けられるが、これは避けるべきだ。毎期のように見直しが発生する予算管理においては、該当フォーマット単位でのメンテナンスや改修が必要となり、ランニングコストが膨れ上がる可能性があるからだ。

また、第3章で述べた通り、課題解決手法にはシステム化と業務改革の2方向からの検討が必要である。フォーマットの統一はＤＸを推進するにせよ、業務プロセスの標準化に取り組むにせよ、共通するテーマとなるだけに、上手く実行すれば経営課題の解決に向けて一石二鳥以上の効果も期待できる。

③ワークフローの統一

フォーマット同様、ワークフローもまた部門単位で承認ルートが異なる場合が少なくない。フォーマットの共通化と並行して進めれば、メンテナンス負荷の軽減につながる。また、承認フローの精度と意義を高めることこそ、予算数字の信憑性を担保する手立てとなるだろう。

1-3 ＰＳＩ管理

ＰＳＩとは、Production（Purchase）、Sales、Inventoryの頭文字を取った略語である。これを企業の組織に当てはめてみると、生産（購買）部門、販売部門、物流（倉庫）部門となるが、これらは縦割りの関係にあり、相互の関係性が高いにもかかわらず、それぞれの部門がプロセスオーナーとなってシステムを運用し、計画を立案、実行している。

ＰＳＩにおける一般的な計画の流れは、次のようになる。

①販売部門が販売計画や見込を立案

↓

②生産（購買）部門が販売計画や生産ロット数などから生産計画を立案

↓

③物流（倉庫）部門が在庫計画や仕入計画を立案

↓

④各部門が立てた計画について、各部門間で共有・連携

問題は、④の「共有・連携」である。ここで妥当性や合理性が担保されていないと、実際の販売数に応じた適正な在庫や市場の要求に応える生産はかなわない。販売部門としては「売上見込に対して、十分な在庫が確保されているのか」は気になるところだ。生産部門にとっては、無駄を排除する意味でも「在庫に応じたロット調整を図りたい」と考える。物流部門は「顧客の要望に対してタイムリーに出荷したい」と考える一方で、「在庫の山は困る」というのが本音であろう。さらに、経営の論理からすると、ビジネス機会の喪失は是が非でも避けたいところではあるものの、在庫は極力削減したいという思いである。

ＰＳＩ管理とは、このような生産計画や販売計画、在庫計画を組織横断で共有し、品目別にコントロールすることである。それだけに、単に過剰在庫や欠品を防ぎ、適正在庫をキープするというだけではなく、キャッシュフローとも深く関係する。つまり、その本質はビジネスの適正化や最適化に寄与することだといっても過言ではない。

ところが、実際には経営課題の解決策としてというよりも、むしろ現場における調整業務として運用されているケースが見られる。「現場と経営では視点が違う」といってしまえばそれまでだが、その垣根を越えて同じ指標を使って同じ目線で管理することができるのが、ＰＳＩ管理ならではの利点である。

ここでは、経営課題の解決という観点から、事例をふまえたＰＳＩ管理の現状と課題、そして解決策について解説してみたい。

最も象徴的なのは、トヨタが長年にわたって培ってきた「ＪＩＴ（Just In Time）方式」だ。いまや世界中で知られ、研究されているＪＩＴ方式は、「必要なものを、必要なときに、必要な量だけ生産することで、在庫・コストを徹底的に削減して効率化すること」だが、各工程で必要なものだけをそろえ、停滞なく生産するこの仕組みは、まさしく究極のＰＳＩ管理といってよい。

また、ＰＣメーカー等に代表される組立製造を主とする企業では、「ＢＴＯ（Build To Order）」

と呼ばれる受注生産方式が確立されている。ＰＣメーカーのオンラインショップでは、ＣＰＵとメモリを選択し、使用目的に応じてカスタマイズされたＰＣを購入できる仕組みができている。

一方、ＰＳＩ管理はすべての企業に必要とされているわけではない。たとえば、アパレル業界では商品の独自性や嗜好性を維持することを目的として、あえて限られたロットしか生産しないケースも多い。商品やブランドの価値を高めるためにも、コモディティ化を排除するという戦略である。このようなビジネスモデルでは、「生・販・在」のコントロールは市場投入のタイミングこそが優先される。

また、新型コロナウイルスの感染拡大によって生じたマスク不足を思い出してほしい。このような生活必需品に関しては、たとえ一時的に市場で商品が不足しても、将来にわたる需要の増加が見込めない限り、製造ラインを増強するわけにはいかない。市場のニーズに応えることは企業の社会的な責任ではあるものの、一種の使命感で適正な生産体制を崩すわけにはいかないのである。

ＰＳＩ管理は一部の製造業で活用されているマネジメント手法というイメージがあるが、在庫を扱う小売業や卸売業でも応用例が広がりつつある。ただし、すでに導入している企業であっても、本来の経営課題に対応した解決策になっている企業は少ない。その理由はいろいろあるが、ここでは顕著な「内部的問題」と「外部的問題」を挙げてみたい。

内部的問題としては、ＰＳＩといいながらも限定的に採用しているケースが多いことが挙げられる。当然ながら、企業によって「生・販・在」における強みや弱みも違えば、注力したい領域も異なる。その結果、「生・販・在」における現場の力関係によって、すでに計画の大半が決まってしまっていて、それ以外の部門はそこに準じて計画立案することを余儀なくされているケースもある。これでは本末転倒だ。ＰＳＩ管理の利点は、プロセスオーナーとなる各部門がパラレルで計画を立案し、相互に調整を図りながら適正化・最適化できる点にあるからだ。

外部的問題としては、システム化が難しいということが挙げられる。ＰＳＩ管理のパッケージソリューションは存在するものの、製造する品目が異なれば、管理の仕方に違いが生じるのは当然で、パッケージの適合率が著しく低い。また、その結果パッケージを導入したとしても、運用に耐える仕組みをつくるには大幅なカスタマイズが必要となる。ＰＳＩ管理を徹底することにより競争優位性の基盤を築こうとする企業では、膨大なコストと労力を費やしてスクラッチ開発でシステムを構築している。このような現状から、ＰＳＩ管理を採用している企業のほとんどが、Ｅｘｃｅｌを使用しているのが実情だ。

じつは、ＰＳＩ管理にはもう１つ大きな課題がある。グループ企業全体で採用している企業がほとんどないということだ。グローバル化にともない、海外に生産拠点を設けたり、海外の市場に販路を求めることが珍しくないだけに、今後はグループ企業全体での採用が望まれる。

事例

ＰＳＩ管理の可視化策

ＰＳＩ管理において想定されるソリューションとしては、①簡易的なＰＳＩレポートの作成、②グループ全社でのＰＳＩ管理の実現、が挙げられる。

①については、それぞれの部門の計画データさえあれば、それを１カ所に集約してＢＩツールなどで可視化する方法がある。とくに、需給調整業務は常にイレギュラー処理がつきまとうだけに、比較的、短いスパンで可視化していくことが必要だ。

また、②についても、海外拠点の工場で生産し、それを日本に在庫して海外販社で販売するといったケースを想定すると、企業における「グループ企業内でのＰＳＩ管理」の重要性はいうまでもない。グローバルでのサプライチェーンが珍しい時代ではないだけに、ぜひとも取り組んでいただきたいテーマである。

図表4－3は、月次で実施した際の一例である。それぞれのデータの抽出方法と考え方は次の通りである。

【受注残データ】

「受注明細」からデータを抽出

【月末在庫】

「前期末の在庫」と「受注残」の差分から算出

【生産予定】

「生産計画」からデータを抽出

↓

どのタイミングでどれだけ足りなくなるかが把握できる

データ収集に手間さえかければ、このような可視化はＥｘｃｅｌでもできる。ＢＩツールならばＯＬＡＰで手間をかけずにレポーティングができるようになる。問題は、この先だ。ＰＳＩ管理を経営課題の解決策と位置づけるならば、不足や余剰の原因を究明

図表4-3　PSI管理を月次で実施した一例

			前期末	4月	5月	6月	7月	8月	9月	…
品目A	受注残（売上予定）	**合計**	**0**	**900**	**600**	**200**	**100**	**100**	**0**	**0**
		販社A		300	200	100	0	0	0	
		販社B		300	200	0	100	100	0	
		販社C		300	200	100	0	0	0	
	月末在庫（理論値）	**合計**	**900**	**0**	**−600**	**−800**	**−900**	**−1,000**	**−1,000**	**0**
		販社A	200	−100	−300	−400	−400	−400	−400	
		販社B	100	−200	−400	−400	−500	−600	−600	
		販社C	600	300	100	0	0	0	0	
	生産予定（前月）	**合計**	**0**	**0**	**150**	**150**	**150**	**150**	**150**	**0**
		工場D			100	100	100	100	100	
		工場E			50	50	50	50	50	
	過不足（前月過不足−受注残＋生産予定）		**900**	**0**	**−450**	**−500**	**−450**	**−400**	**−250**	

※受注明細に売上予定日（出荷予定日）が正しく入力されていること
※当月受注当月納品が多い業態には不向き
※入数の違う同製品が多く存在する場合、正しく集計できないため、集約した品目のグルーピングが必要
※レポート上は、受注残と月末在庫のみで過不足を算出し、不足数を工場に生産依頼を行う方法もある

して、次のアクションに結びつけることが肝要になる。

当然、そこでは「分析したい」「シミュレーションしたい」というニーズが顕在化してくるはずだ。その際に必要なデータさえきちんとそろえることができれば、PSI管理システムと呼べるような大規模な仕組みを導入しなくても、BIツールで分析軸を変えながらアクションの妥当性を検証することができる。その意味で、イレギュラー要素が強いPSI管理とBIツールとは相性がよいといえる。

1-4 製品ライフサイクル管理

「PLM（Product Lifecycle Management：製品ライフサイクル管理）」とは、計画、企画から、設計、調達、製造を経て、販売、廃棄に至るまで、「製品の一生」を管理するプロセスである。ここには、サプライチェーンの管理運用、設備資産の保守など、製品バリューチェーン全体にかかわる要素が内包されている。

PLMの源泉をさかのぼると、1980年代におけるAmerican Motors Corporation（AMC）

の事例にたどり着く。大手企業がしのぎを削る自動車業界にあって、比較的、規模が小さかった同社はライバルたちのような巨額の予算を投じることができず、競争力強化を図れずにいた。そこで、差別化戦略の一環として注力したのが、製品を構想から最終寿命まで追跡するプロセス改善への取り組みだった。

同社では、積極的にデータを収集して活用し、アイデアの創出から調達、生産プロセスに至る全段階の意思決定に反映させた。いわゆる当時のビッグスリー（General Motors Company、Chrysler、Ford Motor Company）とは一線を画したコンパクトカーやジープなどの独自モデルを展開して市場シェアを獲得すると、１９８７年にChryslerに買収されるまでに、世界で最も効率化が進んだ自動車メーカーといわれるまでになった。これがＰＬＭの最初の試みといわれている。要は、ＰＬＭで情報を可視化することにより、ステークホルダーやサプライヤーから「信頼」というブランドを手に入れたわけである。

ＰＬＭが提供する基本機能は、次の３つに集約される。

①汎用性が高く、安全に管理された製品定義情報へのアクセスおよび利用
②製品の全寿命を通じて維持される製品定義と関連情報の完全性
③情報の作成・管理・周知・共有・利用に使用されるビジネスプロセスの維持管理

AMCの事例を紹介するまでもなく、イノベーションの創出が企業の生き残りと成功の鍵を握っているのは現在も同じである。とくに、VUCAの時代といわれる変化が激しい時代にあっては、次世代の製品を低コストで開発して短期間で市場に投入できるかどうかは、メーカーにとってきわめて重要な経営課題となっている。

PLMとは、**図表4-4**の通り、「計画」から「廃棄」に至る一連の製品ライフサイクルを回しながら改善を図り、次なる製品の開発にフィードバックしていくことで、より価値が高い製品を短期間で開発し、市場に投入するための管理手法である。

「計画」から「設計」までのアイデア創出のフェーズでは、競合分析や市場参入の余地、顧客ニーズなどから製品の要件を定義する。

次に「調達」だが、その前提となるのは開発段階で集積されたデータと情報だ。計画する製品の妥当性の検証と分析、プロトタイプ開発やテスト運用などを通して製品の利用イメージが膨らみ、改善の余地を探ることができる。そのうえで、初めて調達すべき部品・材料・設備・ツールなどが明らかになる。

「製造」から「販売」のフェーズでは、テスト運用からフィードバックされた情報にもとづいて市場に投入すべき適正バージョンを選定し、市場投入からシェア拡大へ向けて段階的

図表4-4　PLMのプロセス

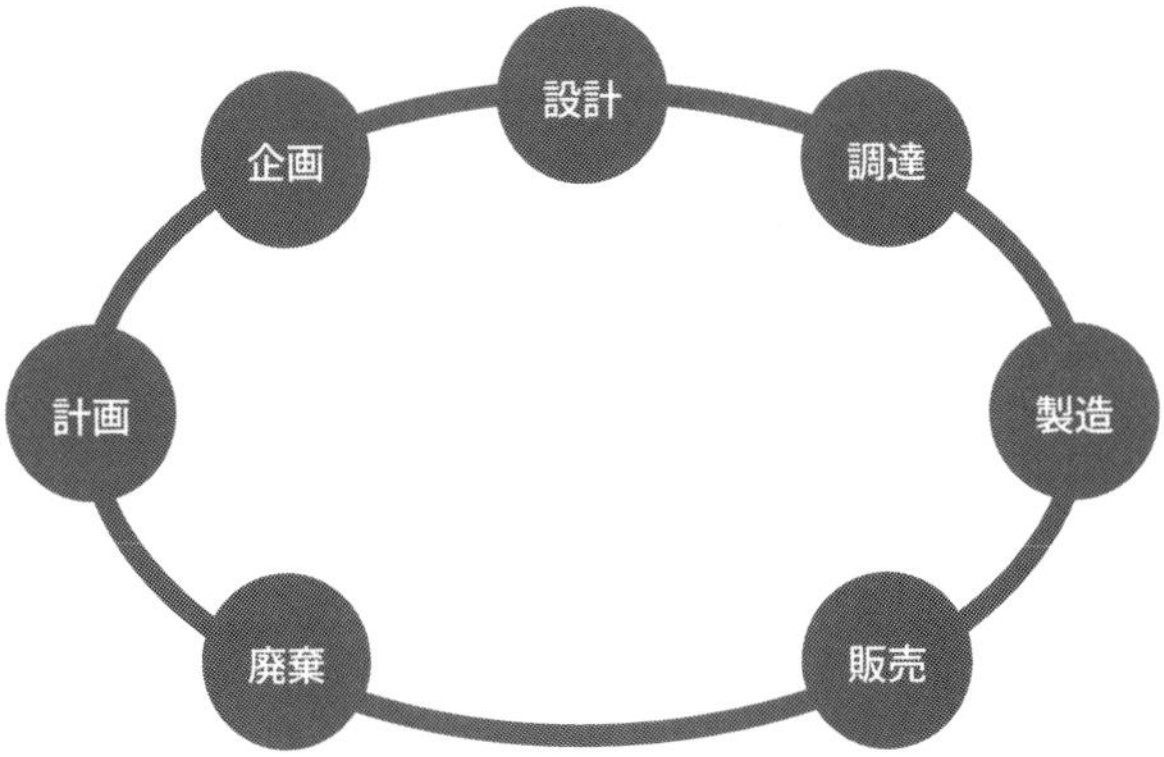

に生産し、販売体制を計画していく。また、「廃棄」に至るまでの販売後のサービスとサポートは、顧客リレーションの維持と向上を促す。そして、製品ライフサイクルの最終段階では、再評価や次なる構想への準備を検討しつつ、市場からの撤退に対応する。さらに地球環境への配慮が求められている昨今においては、「廃棄」の方法も製品の価値を左右する重要な要素となっているため、これらのことも考慮する必要があるだろう。

このように、時代の要請にともなって、ＰＬＭに対する企業の関心や期待はこれまで以上に高まりつつある。とくに、新製品の企画段階における時間とコストの算定については、注力している企業が多い。したがって、すでに多くの企業が実践している以上、それが差別化の決め手になるはずがない。

ただし、ＰＬＭで最も大切なことが見落とされているケースが少なくない。本来であれば、企画段階で算定されたことが本当にできているかを実績と照らし合わせて比較する必要がある。課題とは現状と目標のギャップであると述べたように、企画段階で算定された数字が目標値だとすると、目標と現状、すなわち実績とのギャップをきちんと追いかけていかなければならないはずだ。

ところが、現状ではこのことがほとんど行われていない。ＰＬＭのパッケージソリューションを導入している企業は少なくないが、本来的な目的、すなわち経営課題の解決のために利用されていないのである。

事例

ＰＬＭにおける目標と実績比較

ＰＬＭを有益な競争優位基盤にするためには、「製品ライフサイクルとコストの関係」を明確にする必要がある。従来のような量産段階だけのコスト管理ではなく、製品単位で設計・開発段階からサービス・サポート段階までのコストを含めて把握し、製品の投入時期から撤退時期までをもコントロールしていくことが必要だ。

ここで紹介する事例は、売上とコストに関するデータの収集にもとづく「製品別の最終損益の可視化」である。そのためには、目標値と実績データをいかに比較するかが問われてくる。

そこで、まずは実績データだが、当然ながら売上に関する実績データはERPをはじめとする基幹システムに蓄積されている。ところが、その紐づけが上手くいかないのがPLMの難しいところである。

製品の売上は品目マスターに登録された品目コードで管理されているにもかかわらず、それができない。なぜなら、開発段階においてそのような品目コードなど存在しないからだ。サービス・サポートについても同様だ。製品とは切り離されているため、紐づけられていないのである。

紐づけられていない理由は、ほかにも存在する。PLMの管理が多年度にわたるのに対して、ERPの会計モジュールや会計システムの考え方が基本的に年度単位であることだ。その結果、データの断絶が生まれている。

とはいえ、売上にせよコストにせよ、実績データは存在するので、さかのぼって紐づけてBIツールなどで分析すれば、製品別の最終損益は可視化できる。難易度は高いが、

ＰＬＭの恩恵を享受するためには、無駄な努力にはならないはずだ。

2

販売管理

業界や業種を超えて最も重要とされる経営課題は、商品の販売にかかわる一連のプロセスをマネジメントする販売管理にこそある。その範疇は見積もりから受注、出荷業務、売上管理、請求・入金業務まで多岐にわたり、あらゆるステークホルダーと密接な関係にあるからだ。

ここでは販売管理におけるアプローチについて、「収益管理」「見込管理」「案件管理」「売上予測」といった区分で現状と課題を探りつつ、想定される解決策を考えていきたい。

2-1 収益管理

販売管理の領域の中でも、経営者が最も重要視しているKPIは、「売上管理」と「受注管理」である。その流れから、売上実績の礎となる受注に力点を置いている企業も少なくない。

売上管理については、実績はもとより予算や見込を含めて、すべての企業が何らかの形で実践している。さらに、部門別や製品別など、企業の管理メッシュに応じた分析ができつつある。BIツールを導入した企業が真っ先に取り組む、最もポピュラーな領域といっても過言ではない。

それだけに、BIツールによる分析環境さえあれば、新たに導入すべきソリューションはほとんどない。しかしながら、販売管理そのものが広範囲であることから、いまだ試行錯誤の続く領域が残されている。「見込管理」「案件管理」「売上予測」といった領域である。そこで、本項ではこれらに絞って、販売管理におけるDXアプローチについて解説する。

2-2 見込管理

実現目標の必要性についても解説したが、「見込」とは企業が近い将来において達成する、あるいは達成すべき売上の着地点を予想することであり、「実績」「計画」と並んで企業が可視化すべき3つの定量情報の1つである。

将来予測を可視化するということは、企業が直面している経営課題をクローズアップすることだ。また、何かしらのアクションを講じるポイントを知ることができるため、企業によっては単純な売上の予測のみならず、売上原価をふまえた利益予想を含めて見込管理と呼んでいるケースもある。ただし、「実績」「計画」と比較して、作成難易度が高い領域であることも確かだ。

事例

見込管理の基本的なプロセス

見込管理の現状としては、月次もしくは四半期のタイミングで各部門から着地予想のExcelファイルを収集し、それを集約したものを経営層に報告する方法が一般的である。では、現場担当者はどのように報告書を作成しているのか。使用されているデータならびにプロセスは、おおよそ次のようになる。

①受注残

受注してまだ納品していないものの、いずれかのタイミングで売上として計上される「受注残」が、見込管理において最初に着目するデータとなる。

②案件見込

これについては次項で詳述するが、SFA（Sales Force Automation：営業支援システム）などに蓄積されている案件情報から、受注確度が高いアイテムを抽出して「見込」として計上する。

③固定収入

売上に積み上げられる要素としては、販売に応じたフロー収入以外にも、保守料などのストック収入も見逃せない。サブスクリプション型のビジネスモデルが注目される昨今は、両者のバランスを重視する企業も増えている。ただし、ストック収入は基本的に案件管理が必要とされていないため、見込管理の精度を高めるためには、このような固定収入データにも着目する必要がある。

④最終調整

将来予測を可視化する見込管理を経営の有効な手段とするためには、現状の数字が足りていない場合に、軌道修正を行うことが必然となる。これが最終調整であり、見込管理では常に必要となる。

見込管理の担当者の多くは、このような各々の現場で作成されているExcelファイルの収集および集約方法に苦労している。しかし、実際には①〜③は、多くの企業においてシステムとして自動化することが可能である。

受注残データは、ＥＲＰの販売管理モジュールの「受注明細」から抽出できる。ＳＦＡのグローバルスタンダードとなっているＳＦＤＣ（Salesforce.com：セールスフォース・ドットコム）などのＳＦＡが導入されていれば、すでに案件見込データもそろっているはずだ。ストック収入が毎月入ってくることはわかっているので、固定収入マスターのような仕組みさえつくっておけば、そこから自動アップロードすることで固定収入データもほぼ網羅できる。

自動化できないのは、常に軌道修正が求められている最終調整としての補正データくらいである。補正データだけを画面入力にすることで、見込管理の方法は見事に生まれ変わるはずなのである。

2-3 案件管理

案件管理は、顧客情報や進捗状況をふまえて、総合的な視点で実行し、管理することで、売上金額など案件情報の明確化と目標達成の確率向上を実現するためのマネジメント手法である。とくに、売上向上のための先行指標が重視されているBtoB企業において活発に実施されているが、現実問題としてExcelを用いて部門単位で管理しているケースが一般的だ。やはり担当者の負荷やスピード、精度、品質といった点で改善の余地が多く残されている。

そこで注目を集めているのが、企業の販売部門のプロセスを自動化するSFAと呼ばれる仕組みである。このSFAにおいては前述したSFDCが事実上のグローバルスタンダードとして市場を席巻しているが、これを導入すれば案件管理がまっとうできるのかといえば、決してそうはなっていないのが現状である。

そこで、SFAをベースとした案件管理における現状の課題を整理してみよう。案件管理を実践するに当たってSFAが正しく運用されていない背景は、次の3点に集約される。

①すべての部門・売上が対象となっていない
②入力する担当者の恣意性や入力の煩雑さからデータ品質が低い
③ライセンス料が高く、入力担当者が限定されている

まず①についてだが、ＳＦＡを用いた案件管理はほとんどの企業で、ある程度の規模感がある事業でしか実践されていない。相応の導入コストが見込まれるだけに、細かい事業については後回しとされているか、計画にも入っていないというのが現状だろう。

②は、ＳＦＡが「入力」を前提としていることに起因する。これにより、担当者の恣意性が加えられる可能性が懸念されるのである。たとえば、「案件として入力すると予算が積み上げられてしまうので、隠しておこう」といった理由が挙げられるが、こうなると案件管理そのものの信憑性が問われることになる。

また、入力を委ねられる販売・営業担当者にとって本来の業務は、基本的には顧客とのリレーション維持と構築である。ＳＦＡの精度を担保する入力を実行しようとすれば、それなりの時間と労力を割くことになる。その結果、その手間を惜しんで入力が後手に回ることになる。入力率が20～30％といったことにもなりかねない。そうなると、当然、ＳＦＡに蓄積されるデータの品質が低くなってしまう。

③は、ＳＦＡはライセンス制やサブスクリプション制となっている場合が多く、そのコストも高くなりがちで、軽視できない。したがって、営業の１つの部門に対して１ライセンスしか契約されていないといった現象が起こることもある。

その結果、部門に20人の営業担当者がいたとしても、期日内に全員が入力しきれないような状況が生まれる。専任の入力事務担当を置いているケースもあるが、営業は仕事の性質上、時期による繁閑の差が大きいため、多忙な時期に入力事務の担当者に仕事が集中してしまうと人的ミスの発生確率が高くなり、データは劣化し信憑性が低下する。

事例

ＳＦＡシステムのデータを使用した見込管理

見込管理の項で示した通り、案件管理において作成される案件見込データは、将来予測を把握するうえで、きわめて重要な意味をもっている。また、ＳＦＡに入力されたデータを活用することで、案件単位で詳細な分析を行うことが可能となる。

ただし、ＳＦＡのデータは基本的に案件単位で入力されるため、組織横断的に横串を刺すように分析することを不得手としている。それだけに、組織横断で案件管理の精度を高めていくためには、ＢＩツールや予算管理システムとの併用が望ましい。

2-4 売上予測

売上予測とは、過去の売上データを時系列的に俯瞰して、そこから傾向やパターンを見出すことで、将来の売上を予測するアプローチである。先の案件管理がＢ to Ｂ企業を中心に実践されているのに対して、売上予測は主としてＢ to Ｃ企業が実施している。

この売上予測を行うに当たって、主に用いられるのが統計学的アプローチである。大手企業では、統計解析ツールのグローバルスタンダードとなっているＳＡＳ（Statistical Analysis System）を導入し、売上予測を実施している。

なお、ここでいう統計とは、集団の特性を客観的な数量（平均や中央値）で表すことである。そこで求められた数量は統計量といわれ、その計算の源泉がデータであることを、まずは認識していただきたい。

というのも、多くの人たちが統計解析とＡＩ（機械学習）を混同してとらえているからだ。進化が目覚ましいＡＩ機械学習には予測モデルと呼ばれる領域があり、ＡＩのビジネス活用において「予測」を取り上げる風潮があるが、ＡＩの基本はあくまでも機械学習で、そこでアウトプットできるのは、与えられた学習データにもとづく回答だけである。そのため、

ＡＩが学習済みの範疇であれば、次のデータを特定して、どのグループに属するかを予測することは可能だ。たとえば、画像データを犬と猫に分けてＡＩに学習させることにより、新たに入力した画像がどちらのグループに属するかを予測し分類することはできる。

しかし、少なくとも現状のＡＩでは、需要や売上の将来を予測することは不可能だ。画像・文章・音声・プログラムなどを生成する生成ＡＩが注目されてはいるものの、ＣｈａｔＧＰＴに売上や需要の将来予測ができるかというと、疑わしい。もちろん、それなりの回答は出すだろう。回答不能としないところが、その最大の特色となるからだ。ただし、そのアウトプットに根拠があるわけではなく、ビッグデータにある要素を並び替えたに等しい。これでは、予測とはいいがたい。

一方、すでに実績として蓄積された過去データから傾向やパターンを導き出す統計解析には根拠が存在する。たとえば、季節や天候をふまえた過去の客足予測を仕入れやキャンペーンに反映させるなど、変数を加味しながら予測が立てられているため、人間の経験や知見でそのアウトプットを見込値として解釈し、アクションにつなげることが可能になるわけである。

こうした認識のもとに、企業で実践されている売上予測の現状と課題を見ていきたい。

ＢtoＢ企業が売上アップのための先行指標として、案件管理に注力していることを紹介したが、いわゆるB to C企業では、案件を積み上げていくビジネスモデルは通用しない。それは自社ビジネスの行方が、消費者一人ひとりに委ねられているからだ。そこでB to C企業において定着しつつあるのが、統計解析による売上や需要の将来予測である。

大手企業の場合は、統計解析ツールを導入して売上予測を行っているが、問題はマーケティングセクションを中心とした利用に限られていることだ。新製品を市場に投入する際の売上見込を予測したり、購入リピート率を向上させるためのキャンペーンなどで利用されているケースが多い。これは場面に応じて統計解析で予測や見込を立てているだけで、経営層に情報をフィードバックして経営課題を鮮明にしたり、経営の意思決定に反映しているのは、ほんの一握りの先進企業だけといえる。

また、ツールの選択肢もほとんどない。SAS Instituteの製品が統計解析ソフトのグローバルスタンダードとなっており、BIツールに簡易な統計解析機能を備えている製品も存在するが、実際には統計解析機能がまだまだ脆弱で、使われていることは少ない。

また、統計解析ツールを使いこなせるデータサイエンティストといった人材が乏しいことも問題だ。ここでは数学的素養とビジネス面での知見の両方が必要とされるからである。その意味で、将来予測は人材の確保や育成が難しい領域ともいえる。

事例

売上予測データを使用した見込管理

先に、企業の将来的な売上の着地予想を行うという観点から、見込管理の重要性を指摘した。統計解析ツールを使って売上予測や需要予測をするならば、これを見込管理と融合した仕組みにしないのは不経済である。着地予想の精度が向上するだけでなく、商品の生産や在庫管理、キャッシュフロー、プロモーションを包含した販売管理が可能となるからだ。

3

原価管理

原価管理とは、商品の製造やサービスの提供に必要となる原価を管理することで、英語でコストマネジメントと呼ばれる通り、原価を把握・分析することにより利益の最大化をめざすマネジメント手法である。

原価計算が特定の製品製造やプロジェクトが完了するまでにかかる個別のコストを算出する作業を意味するのに対して、原価管理は原価計算で算出した結果をもとに、適正な原価設定をしたり、目標と実際の原価との差分を分析し改善することで、企業全体の利益確保を図ったり、収益体質を改善することを目的としている。

その意味において、原価管理は日本の製造業の発展を支えてきたといっても過言ではない。活発な原価低減活動の中で、きめ細かい原価計算を可能とするシステムをスクラッチ開発で構築してきたことが功を奏して、グローバル展開を進めるに当たっても確固たる地位を築いてきた歴史があるからだ。

一方、1990年代にBPR（Business Process Re-engineering）を合言葉としてERPの導入が活発化した際には、その独自性を堅守したいがために、パッケージソリューションであるはずのERPが跡形もなくなってしまったかのように、アドオン開発に取り組むことになる。その際に議論されたものの1つが、原価管理に対する考え方であった。

原価の精度を追求する際に、日本の製造業では主として、実際に生産で使用した部品や材料などの数量と単価、そこに費やされた作業時間や人件費などを積算した「実際原価」と呼ばれる原価計算方法を採用してきた。いうなれば、製造後の結果から、実際に発生した費用やコストをさかのぼって算出する考え方である。スクラッチ開発で構築されたシステムの多くも、この考え方を踏襲していた。

これに対して、ＥＲＰにおける原価管理では、同じ品目の一定期間の総製造原価を総生産量で割り、その製品の単位当たりの平均製造原価を算出する「総合原価計算」の考え方を基本として、製品の材料や製造にともなう労働力の消費を科学的・統計的調査にもとづいて算定する「標準原価」が採用されている。

標準原価は実際の原価ではなく、製品を製造する際の理想的な原価であるため、最初からその製品１単位の原価が計算できるのが特徴である。そのため、これから完成する完成品の原価を計算したり、まだ完成していない月末仕掛品の原価に使用することができる。つまり、材料の無駄、工場の稼働率、歩留まりなどが許容範囲に収まった場合の原価を基準とすることで、実際原価との差異の算出、ボトルネックの抽出などを統制する原価管理に向いているというわけである。

このように、完成品からさかのぼって積み上げる実際原価をＥＲＰに移行した瞬間、総合原価計算の標準原価に切り替える必要があったことから、ＥＲＰ導入当初には現場からの抵抗が生じた。実際には、ＥＲＰの会計モジュールにも実際原価を算出する機能はあったが、当時は自社の原価に対する考え方をふまえてスクラッチ開発したシステムのほうに親和性を感じたのは、当然といえば当然といえる。

それでも、現在では原価管理に適した標準原価のメリットに対する理解も深まり、総合原価計算という考え方は多くの企業に根づいている。それだけに、この領域については、ある程度、可視化ができるようになっており、躍起になってその精度を追求している製造業も多い。

ただし、いまだに途上にある領域は残っている。1つは、「連結原価管理」という領域である。日本の製造業は、個社単位での原価管理については高いレベルに達しているものの、これが連結ベースになった瞬間に、どの企業もできていないという不思議な現象が起こっている。

もう1つは、製造業のほとんどは前述した総合原価計算にもとづいた原価管理を採用しているが、これに適応できない場合がある。それはコンサルティングや土木・建設をはじめとするプロジェクトベースで原価管理をしなければならない業界である。これらの業界では総合原価計算に対して、製品単位やプロジェクト単位で原価を集計する個別原価計算が用いられている。じつは、この個別原価計算の領域はERPや会計モジュールが得意とする領域ではない。その結果、システム化や可視化が遅れているという現状がある。ここでは、この2

ついての現状と課題、解決策を提示していく。

3-1 連結原価管理

複数の企業を傘下にもつ上場企業は、連結決算にもとづいた連結財務諸表の作成が法律上、義務づけられている。そこでは間違いなく、原価にかかわる数字も作成しているが、グループ全社を横断して原価管理を実践している企業はほとんどない。取り組んでいたとしても、せいぜいセグメント別の区分にとどまっていて、グループ全体で品目別の原価管理ができているケースは皆無に近いというのが現状だ。

連結での原価管理ができていない理由は、いたってシンプルである。連結財務諸表は情報公開を目的として、グループ会社を単一の組織体とみなして作成することを目的としている。その公正性を担保するためには、親会社が子会社に商品を販売した場合、逆に子会社が親会社に販売した場合など、グループ間の内部取引や内部利益を相殺処理する必要があるからだ。

その流れを売上高と売上原価の観点から簡略に示したのが**図表4-5**である。

図表の通り、生産会社でモノを生産して親会社に販売すると、個社の財務諸表では売上高

図表4-5　グループ会社における取引例

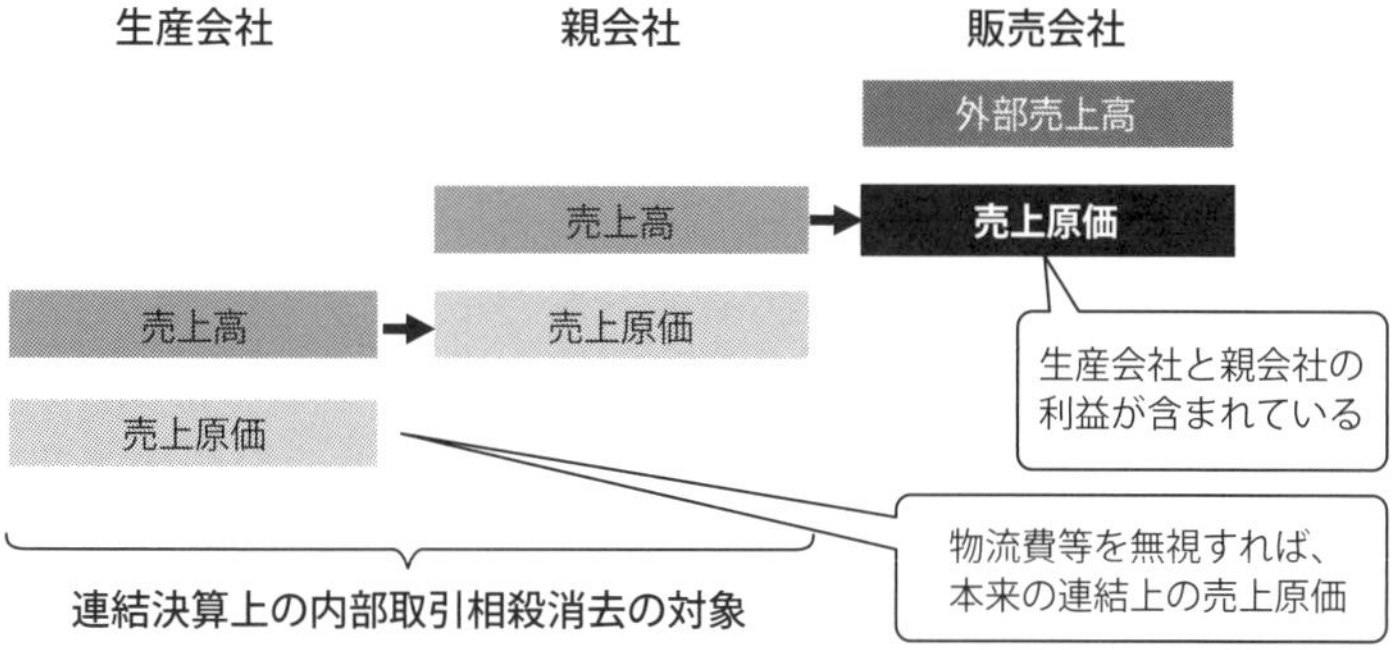

と売上原価が計上される。しかし、この部分はグループ内の取引なので、連結財務諸表においては相殺され、取引自体がなかったものとされる。

同様に、親会社が生産会社から仕入れてグループ販売会社に販売した際にも、相殺対象となる。仕訳として最後に残るのが、販売会社が外部の顧客に販売した売上高と、それに対応した売上原価となる。

このように、連結財務諸表においては、「消えて見えなくなるデータ」が多分に含まれている。この点が、連結原価管理を難しくしている理由である。

物流コストなどを除けば、**図表4-5**の左下の生産会社の売上原価が連結決算における本来の売上原価となる。しかし、実際には、生産会社は親会社に利益を積んで売上を計上し、親会社も自社の利益を確保して販売会社に製品を供給しているため、それなりに膨らんだ数字となっている。そこで連結原価管理を行うには、売上原価から各社の利益を控除しておく必要がある。

つまり、連結原価管理を行う際には、この控除という処理を加えることが必要となるが、実際には属人的な経験にもとづき、大雑把に行われていることが少なくない。連結原価管理の精度を問うならば、やはり明確かつ論理的なルールに則ることが必要となる。

この問題は、制度連結に品目単位という視点がないことに起因している。前述した通り、管理メッシュは基本的にグループ全体で1つ、せいぜいセグメント別といったところまでだ。ただし、管理連結ではほとんどの企業が品目単位で作成しているので、これを利用することはできるものの、グループ企業の取引品目は数千種類から数万種類にものぼるため、すべての利益を品目別に控除していく仕組みを構築することはハードルが高い。その理由は後ほど説明するが、難易度が高いだけに代表品目ないしは事業単位で原価率および利益率の平均を算出し、それをベースとして控除を行うというのが一般的な手法となっている。

事例①

連結ＢＯＭ方式

一般的な制度連結では、単純に総額を相殺するだけの手法が用いられており、製品品目別には一切対応していない。また、管理連結においても、代表品目の原価率を一律に適用している場合がほとんどである。このことから、現状の連結原価管理では製品別の売上原価を把握できていないのが実情だ。

そこで、品目別の連結原価管理の実現に向けて提案してきたのが、製造業において必須となっているＢＯＭ（Bill Of Materials：部品表）を活用して、グループ全社で統合した1つの大きなＢＯＭを作成する方法である。ＢＯＭは通常、原価計算を目的として個社単位で管理されているが、各現場で作成されているため、製品であれば製品、中間品であれば中間品のためのＢＯＭが作成されている。

ＢＯＭの利点は、モノを生産する際に必要となる構成部品を一覧できることだ。そのため階層構造になっており、少ない会社でも3～5階層は存在する。

しかしながら製品種類の多さやＢＯＭの構成部品の多さ、複雑さから、現状では紐づけることが困難で、どの企業も実現できていないといってよいだろう。そのため、連結BOM方式を簡易化した仕組みをExcelで実践している企業が存在する程度である。

事例②

積み上げ方式

先の連結BOM方式の課題を克服して、より正確な連結原価を把握する方法として考えられるのが、「積み上げ方式」である。両者の特徴を比較したものが**図表4-6**だ。

具体的には、生産時の実際原価および原価差異を各社の製品に割り当て、販売品目の原価に対応して積み上げていく方法だ。要は、生産時にかかった原価をどんどん積み上げていけば、利益が除外された原価だけが積算されるため、正確な原価を把握できるようになる。

原価計算は通常、月次で行うため、作成頻度は原価を確定させるタイミングに応じたものになるが、実現難易度はきわめて高いといわざるを得ない。生産プロセスがよほど

図表4-6　連結BOM方式と積み上げ方式の比較

	連結BOM方式	積み上げ方式
概要	• 連結用の標準BOMを作成し、それぞれに利益控除された原価を当てることにより、連結原価を算定する手法	• 生産時の実際原価および原価差異を各社の生産BOMに割り当てていき、販売品目の原価に適用して算定する手法
作成頻度	• 年1回の価格改定時	• 月次の原価確定タイミング
利点	• 最低限の品目別の原価把握が可能	• 正確な連結原価の算定が可能
欠点	• 標準原価ベースであるため、原価差異が反映されない • メンテナンスの負荷が高い • メンテナンス頻度が低くなるため、正確性に欠ける	• 実現難易度がきわめて高い
総評	• この手法を簡易化したものをExcelで作成している企業が多い	• ある程度の規模の企業で実現できている会社は存在しないのでは？

単純な企業でないと採用されないのはそのためだ。

これらを網羅的に実現しようとすると、その瞬間にシステムのキャパシティを超えてしまう可能性がある。積み上げ方式で原価を把握するためには、生産品すべてにおいて、材料費以外の原価および原価差異を含む原価を内部と外部に区分したうえで、個別に計上していく必要があるからだ。

システム上はBOMをベースとして下から積み上げていくのではなく、外部売上に対しての原価から追跡していく処理となる。それを実施したうえで個別に計上すると、「販売品目数×対象BOM数×BOM階層数」というループ演算が必要となるのである。たとえば、販売品目数が1000、対象BOM数が10、BOMの階層数が10とすれば、それだけで10万回のループ演算をしなければならなくなる。

システムが限界を超えてしまう理由は、おわかりだろう。つまり、ハードウェアを含めたITリソースの拡張性を担保する必要があるため、そこでも膨大なコストが想定される。積み上げ方式は連結原価管理に適した解決策ではあるものの、単にシステム構築の難易度が高いというだけではなく、ROIの観点からも企業としては二の足を踏んでしまう領域なのである。

3-2 プロジェクト原価管理

プロジェクト原価とは、個別生産方式を適用している製造業において、プロジェクト単位でコストを集計し、マネジメントを行う手法である。主にプロジェクト採算の判断材料として、製造業以外にも建設業やIT業界などで幅広く利用されている。

周知の通り、プロジェクトの実績については、どの企業においてもシステム化がなされているといっても過言ではない。一般的にはプロジェクトナンバーなどを採番し、ＥＲＰや会計システムの実績にもとづいて集計し管理されている。

この際、システム側で会計処理を行う方法としては、作業の進捗度に応じて一定期間ごとに売上と原価を計上する進行基準が採用されている。元来は長期にわたる建設工事などの請負契約の会計処理に使われていた基準だが、２００９年4月に会計処理基準が大きく変わり、いわゆるプロジェクト型のビジネスモデル全般で採用されることとなったからである。

じつは、それまでのシステム開発の受託開発などにおいては、完成時にプロジェクト対象物を発注主に引き渡した際に売上と収益を認識するという完成基準が採用されていた。ところが当時、欧米をはじめとする国際社会では、プロジェクト型ビジネスの会計基準を進行基準に移行する動きが顕著だった。当然、海外の代表的なＥＲＰの標準機能もこれに準じていた。そうした国際的な動きに応じて、日本も会計基準の変更に踏み切ったといわれている。

経営面から考える進行基準のメリットは、何といってもプロジェクト途中においても収益認識が可能であることだ。プロジェクト完成後に収益認識を行う完成基準と比べれば、はるかに柔軟性に富んだ経営の意思決定が可能になるはずだ。

しかし、残念ながら、日本企業の多くは会計システムに蓄積された実績からプロジェクトの収益認識を追うことはあっても、計画と見込を含めてシステムを実装しているケースは少ない。ほとんどがＥｘｃｅｌで管理されている。

前述した通り、企業における業績の可視化と分析に必要な4大要素は、実績、計画、見込という3つの定量情報に加えて、人間の知見から得られる定性情報である。そこで、ここではプロジェクト原価管理という観点から、システム化によってできるＴｏ－Ｂｅの姿を描いてみる。

ＥＲＰの会計モジュールや会計システムに計上されている原価は、基本的に総額となっている。しかし、プロジェクト原価管理を実施するに当たって把握したいことは、材料費や人件費といった総額の内訳や明細であるはずだ。

たとえば、1億円のプロジェクトで原価の総額が8000万円だったとしても、その内訳はシステムには記録されていない。当然、経営者がプロジェクトの評価・判断を行う際には、その内訳が求められる。そこで、プロジェクト担当者が手元のＥｘｃｅｌからデータを抽出して、会計システムのデータと合わせて分析し、レポートを提出することになる。

プロジェクト原価管理における見込の現状も同様だ。該当プロジェクトが最終的に黒字になるのか、赤字になるのかという利益認識にかかわるデータは、システムには蓄積されていない。ただし、やはりプロジェクトの進捗に合わせた見込の数字は、間違いなくＥｘｃｅｌでは作成されている。

このように、プロジェクト原価管理の現状は「Ｅｘｃｅｌ依存」から抜け出せていない。そこで、次善策としてパッケージ製品のプロジェクト管理システムに注目が集まるケースもあるが、実際には採用には至っていない。そもそも、プロジェクトは人間の集合体で構成されているため、そのやり方や進め方は企業によっても異なり、プロジェクトによっても個別に事情が違う。そのため、パッケージ製品の適合率が低い。また、導入されたものの、入力が煩わしいといった理由で活用されていないケースも多い。

ただし、実際の運用を考慮すれば、もっとシンプルに考えたほうがよいだろう。すでにＥｘｃｅｌ文化が定着しているとしても、プロジェクトの増加や大規模化にともなってＥｘｃｅｌファイルの数が積み上がっていくだけである。当然、その集計の際の負荷もどんどん大きくなっていくはずだ。そうした状況を考えれば、Ｅｘｃｅｌライクな利用ができる予算管理システムをプロジェクトの見込管理に活用することで効率化をめざすことも可能となる。次に示す不採算プロジェクトの見える化とプロジェクト原価の見える化の事例は、まさにそのような要望に応えるものである。

事例①

不採算プロジェクトの見える化

本事例は、利益見込を確認することにより、不採算が見込まれるプロジェクトに対して早期の対策を打つことを目的としている。というのも、経営課題や解決策は、順調に進んでいるプロジェクトからはなかなか見えてこない。過去の話である実績からそれを判断するのは難しいため、ここで可視化したいターゲットは「見込」となる。

放っておくと不採算になるプロジェクトが、プロジェクト原価管理の視点から見込を可視化することにより、コストを再考するなどの手が打てる。要は、データ分析によってリカバリーの可能性を探るのである。また、同じ失敗を繰り返さないための教訓を導き出すことにもなる。

ポイントは、主に次の3点となる。**図表4−7**のようにランキングで表すことにより、「気づき」、「課題抽出」、「改善策」、「アクション」という流れにつなげていく。

①不採算プロジェクトはどのような種類のプロジェクトか

図表4-7　利益率によって不採算プロジェクトを見える化した場合

【不採算プロジェクトランキング】

	利益率（実績）	利益金額（実績）
Aプロジェクト	−10%	21,500,000
Bプロジェクト	−5%	500,000
Cプロジェクト	−2%	300,000,000
⋮		

【利益率見込ランキング】

	利益率（見込）	利益金額（見込）
Eプロジェクト	15%	1,000,000
Fプロジェクト	8%	20,000,000
Gプロジェクト	7%	600,000
⋮		

②不採算プロジェクトのコスト構造はどのようになっているか
③不採算になりそうなプロジェクトはないか

一方で、ポジティブに活用することもできる。現実的なビジネスにおいては、新しいブランドなどを立ち上げ、浸透させていくことを目的として、ある程度の不採算をリスクととらえて臨むこともあるだろう。この場合、不採算の状況を見える化して、その推移をウォッチできれば、リスクを想定の範囲内でコントロールすることも可能になる。「失敗を容認する文化がないことが日本企業のウィークポイント」とする声があるが、不採算を過度に恐れず果敢に挑戦する企業風土を醸成するうえでも、このような見える化は必要になってくる。

事例②

プロジェクト原価の見える化

目的は、各プロジェクトの原価構造・仕入先・外注先別の可視化である。可視化できれば、計画として作成された予想コストと、進行基準に示されている原価との比較ができる。また、見込においては、最終的に「予想コストをこれだけ上回る」といったS字カーブを描くことが望ましい。さらにはERPから売上原価の内訳を抽出すれば、原価内訳から外注先の適正度合いを把握することも可能となる（**図表4−8**）。

ポイントは、主に4点となる。

①同種のプロジェクトで利用している外注先はどこか
②類似製品を他プロジェクトでは、どこから仕入れているか
③依頼予定の外注先の納期順守はどの程度か
④稼働中の完成基準プロジェクトのコスト消化状況は？

図表4–8　原価を細かく分析し、プロジェクトにかかるコストなどを予想する

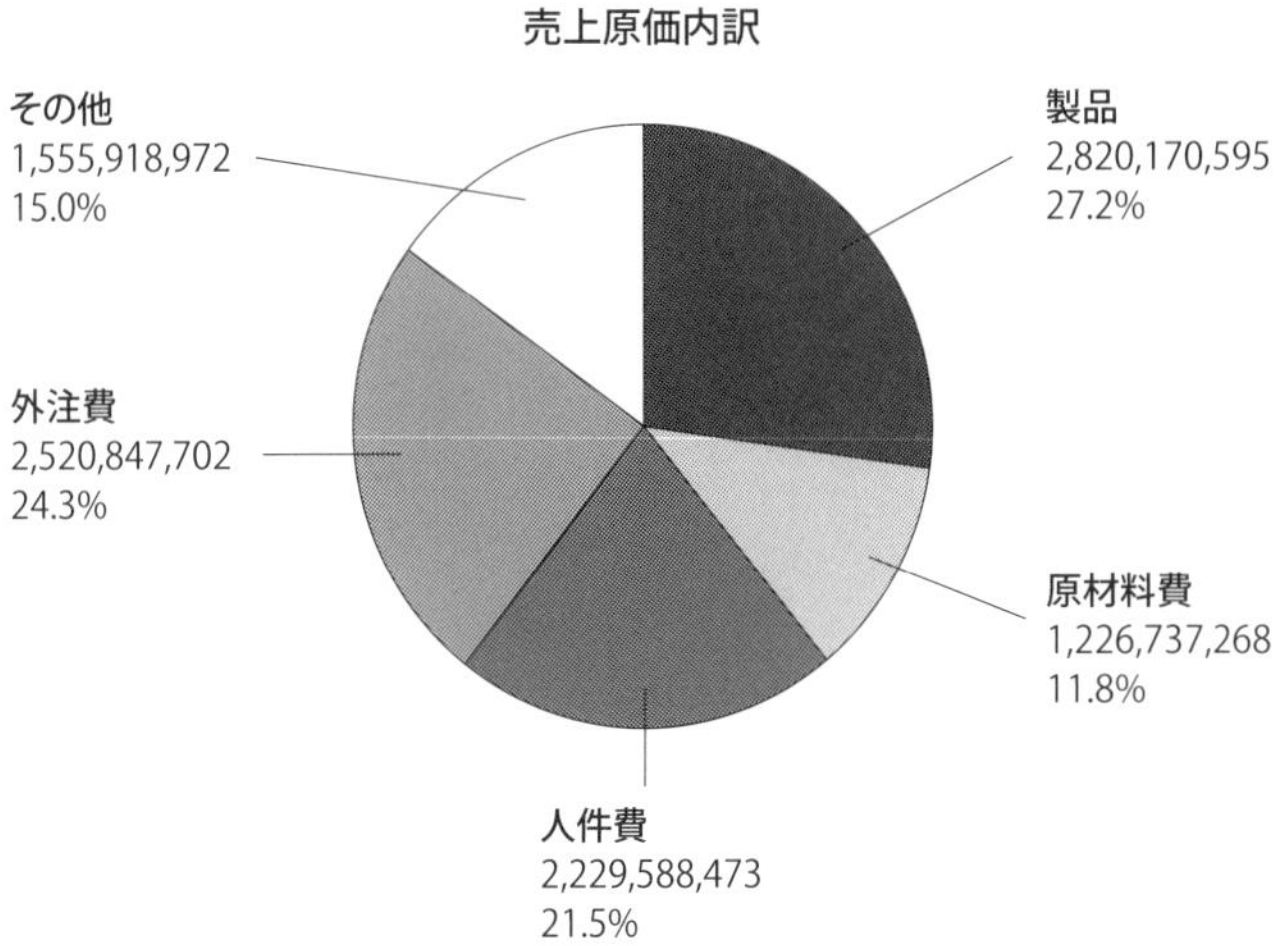

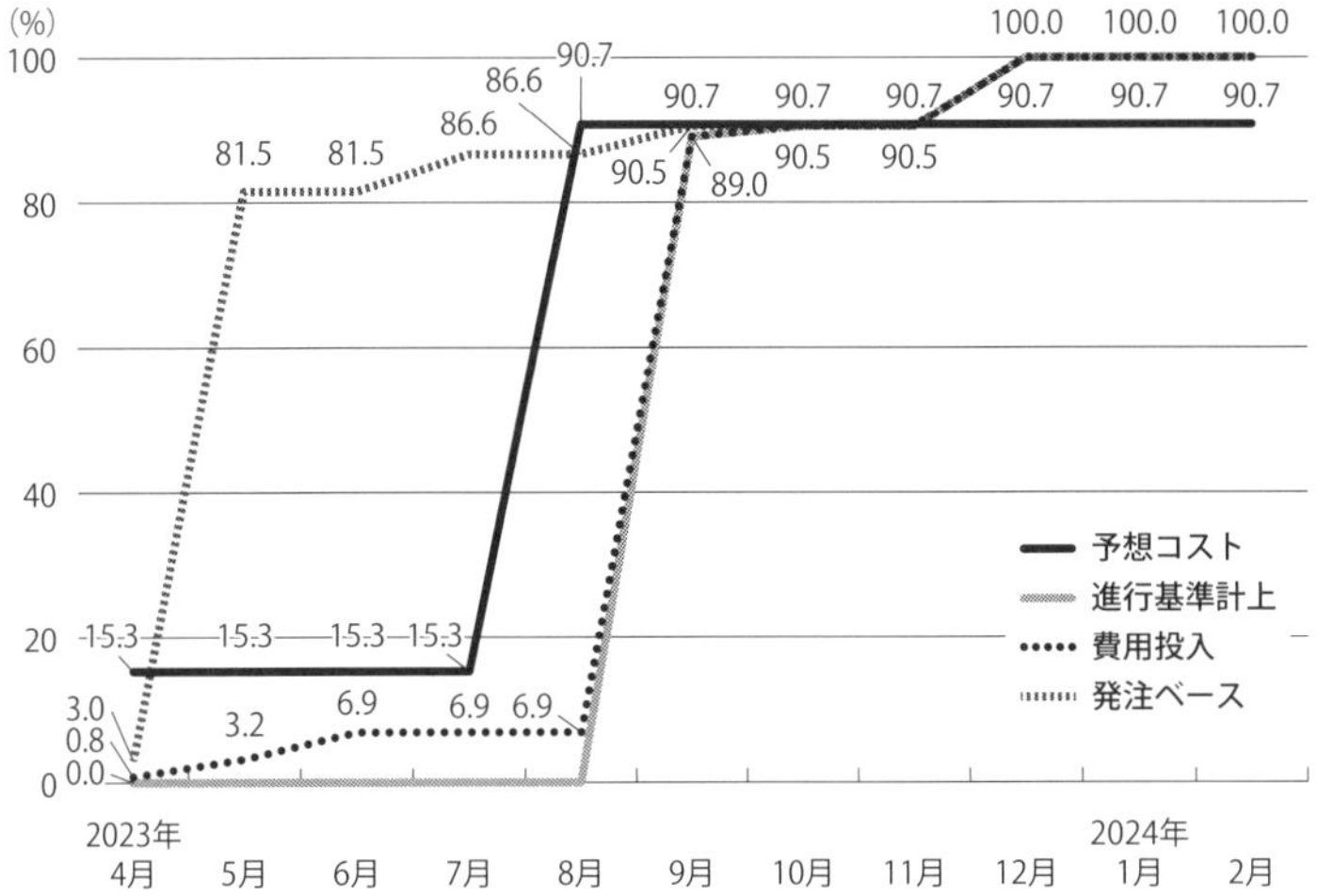

プロジェクト横断で原価を把握して分析することで、コストやリソース配分の最適化につなげることができるのだ。

4 物流管理

物流とは、商品（モノやサービス）が生産者や販売者から消費者の手元に届くまでのプロセスを指す。実際には「原材料の調達から消費者の手に届くまで」を含めて、ロジスティックスと呼ばれることもある。業務範囲としては、「輸送・保管・荷役・包装・流通加工」が5大機能といわれている。

ここでは、入庫と出庫によって変化する倉庫内の在庫を管理する「入出庫管理」と、自社の戦略にもとづいて在庫を適正化するマネジメント手法となる「在庫管理」についての現状と課題、解決事例を紹介する。

4-1　入出庫管理

端的にいえば、入出庫管理とは「荷物を正しく受け入れて、正しく荷送りすること」である。そのためには、入庫においては受け入れた荷物の内容と数量、出庫においては何をいつどこへ送り出したかを記録することが重要になる。

入出庫管理の実績については、多くの場合、ＥＲＰなどの基幹システムで管理されている。ただし、ＥＲＰに記録されている数量などは単純な実績に過ぎず、広範な入出庫業務のごく一部に過ぎない。実際の物流業務は「マテハン（Material Handling：運搬管理）」と呼ばれているように、保管から梱包、出荷に至る倉庫内業務をパレットやフォークリフト、ベルトコンベア、ピッキングカート、台車といった機器を使って効率化し、生産性の向上を図っている。

とくに、新型コロナウイルス感染症の拡大以降はロボット技術の発達も貢献し、倉庫業務の自動化が加速している。日本の自動物流機器市場規模は32億7０００万米ドル超、２０２１～２０２７年は年平均８％以上で成長するとの予測もある（「REPORT OCEAN」レポート／２０２１年10月７日）。

ただし、ＥＲＰはそのようなマテハン管理の機能をもってはいない。そこで、大手物流企業や製造業では、ＥＲＰとは別の物流管理システムをスクラッチ開発して、これらの業務を管理している。

では、実績以外の計画や見込はどうかというと、大手物流専門企業以外にシステム化されている事例はほとんど聞こえてこない。たとえば、入出庫管理の鍵を握る要員計画においては、担当者の経験と勘に委ねられてしまっている。

事例

入出庫のリードタイム管理／要員配置の見える化

ソリューションとしては、「入出庫のリードタイム管理」と「要員配置の見える化」が想定される。いずれも予算管理ツールを活用すれば実現は可能で、計画と見込を可視化して実績と比較することで、従来、担当者の経験と勘に依存していた領域を客観的に分析することができるようになる。

4-2 在庫管理

物流管理において、もう1つ肝となるマネジメント手法が、生産・販売活動に対応して製品などの在庫を適正な状態と量で供給できるようにする在庫管理である。物流の品質は、①欠品や過剰な在庫が発生していないこと、②発注に応じた商品が適切な数量で届けられていること、③納期が順守されていること、の3点が基本となり、これらが達成できなければビジネス機会の損失にもつながりかねないため、在庫管理は経営課題としてもきわめて重視されている。

在庫は少なければ少ないほどリスクが小さいと思われがちだが、在庫切れは機会損失になるだけでなく、顧客からの信頼を失うことにもなってしまう。そのため、メーカー系列企業では、納入製品の数カ月分の在庫保有を義務づけているケースも少なくない。

在庫管理に関連する実績については、ほとんどの企業がＥＲＰの在庫管理モジュールや在庫管理システムによってマネジメントを行っている。ただし、その実績は数量ベースで、金額ベースではない。逆に、ＥＲＰの会計モジュールや会計システム側においては、数量ではなく金額ベースで、しかも総額で記載されている。つまり、数量と金額が別々に管理されているのである。

また、ロットナンバー管理されていない場合においては、その在庫がいつ入庫したかという記録がシステム上に残っていない。

当然ながら、重要な経営課題の1つとなっている在庫を適正化するためには、必要なデータを可視化して、定期的にチェックすることが不可欠である。そのための事例として、次に「長期保有在庫の見える化」と「ＰＳＩ管理による在庫予定の見える化」を紹介する。

事例①

長期保有在庫の見える化

物流管理の管理方法としては、倉庫に保管されている商品を古いものから順番に出庫し、保管する期間をできるだけ短期間に抑えて、商品が劣化しないようにする「先入先出」の概念を用いることが一般的だ。その観点から、「先入先出」のルールにもとづいて入庫日を割り当て、在庫の保有日数を算定できるようにする。さらに標準原価を割り当てることにより、保有在庫の金額も算定し、長期保有在庫の見える化を図る。

BIツールによる分析レポートで多用される手法で、要は長期保有在庫を数量ベースだけでなく、金額ベースでも可視化することにより、不良在庫を把握するものだ。過去の入荷数量を在庫数量に割り当てることで、原材料や仕掛品などのロットナンバーを保持していない品目についても、理論上の保有日数を算出することが可能である。もちろん、ロットナンバー管理されていれば、正確な保有日数の算出が可能となる。なお、実装にはDWHを用意して加工処理を行う必要がある。

事例②

PSI管理による在庫予定の見える化

前述したPSI管理の手法を在庫管理に応用した事例である。PSI管理とは生産計画・販売計画・在庫計画を組織横断で共有し、品目別にコントロールすることだが、そこで作成される売上予定と生産計画をベースとして、理論上の在庫予定を算出する。これによって、入庫を待たずとも、倉庫側での受け入れ準備はもとより、在庫の適正配置や在庫から生産へのフィードバックなどについても、柔軟に行うことができるようになる。

5 生産管理

生産管理とは、製造業における生産計画・資材調達・生産実行・製品出荷・原価計算といった一連の生産業務を最適化するマネジメント手法である。その範疇は、経営指針や需要情報にもとづく生産計画をはじめ、原材料の調達を行う購買計画、製造ラインや設備の確保、人員の配置、資材や在庫の調整、コスト・スケジュール・進捗・品質の管理など、広範囲にわたる。生産活動にともなうあらゆる業務を総合的にマネジメントするものだけに、多くの製造業では生産管理を経営の要と位置づけ、専門の生産管理部門がその役割を担っている。

生産管理の目的は、当初、QCD（Quality／Cost／Delivery）に集約されていた。高品質・低コスト・短納期を実践し、自社製品の競争力を高めることが重要視されている。とくに、日本の製造業は「カイゼン」を合言葉としてきめ細かくPDCAサイクルを実施し、世界でも稀な独自のポジションを築いてきた。生産管理システムにおいても、多くの場合、スクラッチ開発で自社のプロセスやスタイルに特化したものが構築されている。

ところが独自性を追求してきた一方、昨今の製造業の生産管理システムは大きな岐路に立たされている。ERPの導入にもいち早く取り組んではきたものの、必要最低限の機能しか使われていないのだ。ERPは生産管理という観点において大事な計画管理と実績管理という機能をもっているが、実際には別のシステムをベースとしてそれが行われている。以降で、その現状を簡単に整理してみよう。

計画管理の現状

計画管理では、生産予定数量に応じて、原材料となる半製品や部品、材料を「必要なものを・必要なときに・必要な数だけ」調達することが重要になる。実際にはMRP（Material Requirements Planning System：資材所要量計画システム）という仕組みを利用して実践されている。

生産管理においては、「いつ、誰が生産するか」を計画することも重要なテーマとなるが、人員や設備などのリソースと生産量とを照らし合わせて必要なリソースを割り当てることに特化した「生産スケジューラ」と呼ばれるシステムを活用している。パッケージ製品をカスタマイズして使用しているケースもあるが、スクラッチ開発していることも少なくない。

実績管理の現状

実績管理については、ＥＲＰの実績管理機能は基本的に生産された製品の数量を記録するだけである。数量把握だけでは的確な生産はできないため、ここではＭＥＳ（Manufacturing Execution System：製造実行システム）と呼ばれる仕組みが機能している。

次に原価計算だが、数量の記録をメインとするＥＲＰの生産管理モジュールには、金額情報は反映されていない。そのため、原価計算を行うためには、ＥＲＰの管理会計モジュールが利用されている。

生産管理における代表的な改善手法

顧客動向の変化が著しい現在において、製造業の流れは従来の少品種大量生産から多品種少量生産にシフトしつつあり、生産管理も難しさを増している。また、感染症や地政学リスクなど、グローバルな規模で起こるさまざまな出来事がサプライチェーンに与える影響にも配慮する必要がある。

そこで、いま生産管理に問われているのがＶＡ／ＶＥ（Value Analysis：価値分析／Value Engineering：価値工学）へのアプローチだ。ＶＡは製品や資材、サービスのコストと機能を探究することにより既存製品を見直し、図面や仕様書の変更、製造方法の効率化、発注先の変更などを行うことで、品質を維持しつつコストを低減する活動のことである。対して、ＶＥは顧客が求める機能を最小のコストで提供することを目的として、製品や資材、サービスにおけるコストと機能を探究し、図面や仕様書の変更、製造方法の刷新、アライアンスパートナーの変更などを行う活動である。

これらについてはすでに多くの製造業が着手しているが、現状では原価低減活動の一環に過ぎず、しかもＥｘｃｅｌを使って試行錯誤しているのが現状だ。ただし、生産実績の把握については、どの製造業でもＢＩツールを導入して詳細なレポーティングを行うなど、真摯に取り組んでいる面もある。そこで、ここではそのポテンシャルを活かすことを念頭に置き、ＶＡ／ＶＥの本格的なスタートラインとなる品質管理と工程管理について深掘りしていくことにする。

5-1 品質管理

品質管理とは、製品の生産において、検査・検証などを通じて製品の品質を担保するための活動で、その規格としては日本のＪＩＳ規格や国際規格としてのＩＳＯが挙げられる。

品質管理については、多くの企業がＪＩＳやＩＳＯへの準拠を基本として取り組んではいるものの、実際にはほとんどシステム化されておらず、Ｅｘｃｅｌですら活用されていないケースが見られる。じつは、これには明確な理由がある。品質管理は生産工程に組み込まれている領域であるため、工場内部で実践してこそ意義が大きい。ところが、現実問題として、生産ラインが動いている工場内には、情報漏えいの問題を含めて、ＰＣを持ち込む余地がない。そうなると結局のところ、紙ベースでメモを記載していくほうが詳細で、効率もよいというわけである。その結果、品質管理のデータはシステム上のどこにも存在しないという状況が生まれている。

とはいえデータがまったく存在しないわけではない。大手製造業では多くの場合、品質保証部門に検査・検証結果を記録するシステムが存在しているという程度である。

事例

問題発生の見える化

ソリューションとしては、品質保証部門が収集した不良品の発生件数や発生率、製造遅延件数などの実績データを生産管理システム側に随時、蓄積していく仕組みを構築する。これについては大規模なリコールを起こさないために、すでに着手している企業は多い。システム間の連携がスピーディであるほど、現場にリアルタイムで注意喚起を行うことができる。

事例では、製造現場に大型モニターを設置して、現場で発生している不良品の状況をダッシュボード化し、常に可視化できるようにした。AI画像解析を導入して定点観測する事例も出ているが、この程度の工夫でも不良品の発生を大幅に低減させることができるのである。

5-2 工程管理

実際の生産計画は、①大日程計画、②中日程計画、③小日程計画に大別される。主に年次で作成される①の目的は資源の確保で、中期生産計画とも呼ばれる。②は基準生産計画ともいわれ、四半期または月次で製造する製品の種類と数量を定める。つまり、①と②については、品目別での検討がメインテーマとなる。

これに対して、工程別に詳細な計画立案が求められるのが③である。顧客の事情で優先的に製品を納入する必要が生じたり、重要顧客の急な依頼など、製造現場の最終工程においては、常に不測の事態に備えたイレギュラー対応が求められているからだ。そのため、週次・日次単位で見直しを行っているのである。

このように、工程管理の意味するところはさまざまで、広義では生産計画にもとづいて製造現場で実行する作業の最適化といった意味合いで用いられ、狭義においては生産ライン編成や要員配置などを含めた工程単位での最適化に焦点が絞られる。また、前者の観点においては、ＱＣＤを高い基準で満たすことを目的として、業務プロセスの標準化と一体でとらえることも必要だ。ここでは工程別の観点から、工程管理の現状と課題を探ってみたい。

工程管理を工程別の視点から実施し、常に最適化を図っていくためには、作業実績にかかわるデータがベースになると考えられる。ところが、現実問題として、そのような工程管理機能はＥＲＰの生産管理モジュールには実装されていない。そのため、前述した生産スケジューラを導入したり、専用システムをスクラッチ開発して作業実績データを生成・収集している企業もあるが、やはりマニュアルでのＥｘｃｅｌ運用を現場に委ねているケースが圧倒的に多い。

しかし、ただでさえスケジュールに追われている現場では、記録する煩わしさから詳細な作業実績が記録されていないことが多い。また、記録されていても、集計データを標準工数や標準操業度と比較する程度である。

当然、これらの差異をウォッチしたところで、課題の発見には至らない。課題を発見して、その解決を図るには、小日程計画の質的な向上と予実比較が不可欠である。そこで、そのための可視化の一例として、「生産工程の見える化」と「要員配置の見える化」の事例を紹介する。

事例①

生産工程の見える化

計画と実績で生じた差異がマイナスに転じれば、それらはすべて原価差異に跳ね返ってくる。これは、逆にいえば、原価差異分析をきちんと実践していれば、ある程度の生産工程の見える化が可能になるということでもある。

生産スケジューラから作業予定や作業実績を取得して、BIツールなどで予実分析や原価差異分析を行えば、十分に可能な問題解決手法である。

事例②

要員配置の見える化

小日程計画の工程管理において、きわめて重要な鍵を握っているのが要員配置である。

この場合、生産ラインと製造数量、工程プロセスについては、基本的に小日程計画に記載されているはずだ。そこから必要とされる時間や人員を逆算することができる。これにより、どの生産ラインに誰を、どのようなローテーションで割り当てていくか、といった要員配置を可視化することが可能となる。

この事例では、予算管理システムを活用して、小日程計画から必要時間、必要人数を取得し、適切な要員配置を実現した。

6 会計管理

会計管理とは、企業の業績を把握することを目的として、企業内の取引を複式簿記で記録し、経営マネジメントに活かすことである。それらは財務諸表（P／L：損益計算書、B／S：貸借対照表、C／F：キャッシュフロー計算書）に取りまとめられている。

なお、連結会計管理の項でも触れたが、会計管理にはステークホルダーへの情報開示を目的とした法定上の「制度会計」と、詳細な業績把握を目的とする「管理会計」がある。後者の対象は、ほとんどが部門別や事業別の損益管理である。

現状において、会計管理はほぼすべての企業でシステム化されている。ERPの会計モジュールをはじめとして企業規模に応じてさまざまなパッケージ製品が提供され、利用されているからだ。最近では中小・零細企業向けに無料のクラウドサービスまで登場している。

ところが、多くの会計システムでは出力対象がP/LとB/Sに限られており、C/Fが出力できない。C/Fは管理会計において重要な指標となり得るが、そこがおざなりにされているのは作成に手間を要するからだ。

C/Fの作成には、「直接法」と「間接法」の2種類があるが、いずれも会計システム内の情報では不足している。直接法は現金収入や現金支出を直接、計算する方法で、会計システム上の資金系取引のすべてに資金コードを埋め込んでいく必要がある。当然、ERPにも資金コードを入力する機能はあるが、作業が煩雑なため、その方法でC/Fを作成している企業はほとんどないだろう。

一方、間接法ではP/Lの値を調整することを基本とするため、ある程度の経常収支の部分については会計システム内から取得できる。そのため、C/Fの作成義務がある上場企業では間接法を採用して、一般的にExcel上で追加情報を付与しながら作成している。

作業の負担を軽減するには、C／Fをシステム化して自動作成することになるが、そのハードルは高い。理由は単純で、費用対効果が悪いからである。C／Fの視点で考えれば、どの企業でも作成している「資金繰り表」で代替できる。

というのも、制度会計におけるC／Fの位置づけは、あくまでも社外のステークホルダーに経営状況をわかりやすく説明することで、経営管理を目的としているわけではない。社内では入金と支払いをまとめた資金繰り表をタイミングに応じて作成すれば事足りてしまうばかりか、そのほうがリアルタイムな意思決定に適しているのである。あえてシステム化されていないのもそのためで、費用対効果の観点からExcelで完結しているのである。

事例

BIツールによる損益管理

販売管理における収益管理の項で紹介した通り、売上と損益の管理はBIツールでターゲットとされる最もポピュラーな領域である。このことは、視点が会計管理であっても変わらない。BIツールを導入することによりほとんどの項目が可視化できるため、多くの企業で実践されている。

それ以外に債権管理、債務管理、固定資産管理といった業務領域が存在するが、基本ERP等のモジュールの機能で事足りており、BIツール等での可視化をするにはどの領域も費用対効果に見合わないことが多く、レポーティングはExcelで行われるのが現状となっている。

あとがき

ＤＸプロジェクトの「失敗」の理由と「成功」への道標

グランバレイ株式会社
代表取締役社長　大谷　泰宏

経営状況の可視化、意思決定の迅速化をめざしたＤＸプロジェクトが、どこかのタイミングで歯車が狂い、立ち行かない状況に陥るケースをこれまで数多く見てきました。実際のところＤＸが成功したという事例もあまり聞いたことはありません。ようやく新システムがカットオーバーして喜んだのもつかの間、その後、今までと何が変わったのか実感できずにいるケースがほとんどでしょう。

私の見解では、その原因は大きく分けて次の2つです。

まず、プロジェクトの本質的目標をどこかで見失ってしまったこと。DX実現後の自社がどうあるべきかがボヤけたままにプロジェクトが進み、気がつけば、目標は新たな業務システムのカットオーバーそのものにすり替わってしまう。そこにはプロジェクト推進の過程で、主に要件定義の主体となる現場業務担当者の存在が影響しています。要件定義を現場業務の担当者に任せると、既存業務のAs－Isをそのまま新しいシステムの要件として考えてしまいます。そうして出来上がった要件定義書は必ずしもTo－Beとはなり得ず、かつ、経営層が求めたシステムのそれにはなり得ません。大きな経営資源を投下してDXのための新しいシステムを導入するのであれば、経営に資する効果を求めるべきであり、そのためには、現場の実態を経営層までより迅速かつ正確に伝達するため、むしろこれまでになかったデータの入力や追加の業務が発生するかもしれません。どんなシステムでもインプットなしにアウトプットは得られないからです。しかしながら、それら現場でのアクションが、中長期的な視点においては経営の合理的な意思決定につながり、会社の競争力や変化対応力を高めることになります。

その結果として、会社が強く豊かになり、そこで働く社員も自分たちの未来に期待をもつことができるでしょう。

もう一つは、顧客とシステム開発に携わるベンダーで構成されるプロジェクトメンバーの間で、ＤＸプロジェクトの経営的背景、新システムに求められる理念が深いレベルで理解、周知されておらず、各々が目標に対して同じベクトルに向かず「客vs業者」の構図で正対してしまうことです。

経営状況の可視化、経営の意思決定の迅速化をめざしたＤＸプロジェクトの上流工程では、しばしばコンサルティングファームが「Ａｓ－Ｉｓ分析」から「Ｔｏ－Ｂｅモデル」を策定します。その成果物の一つに経営指標の関係性をツリー構造で表した「ＫＰＩツリー」があります。物事を客観的にまとめることに長けているコンサルタントが、これを用いて評論家のごとくコンセプチュアルな説明を展開すれば、多くの経営者やシステム担当者は何の疑問も抱かず、それらすべてを受け入れてしまうことでしょう。

私の個人的な経験から申し上げると、現代のコンサルタントの主な仕事は標準化と普遍化です。散在する多くのビジネス情報や学術的意見を網羅的にまとめて整理すること。コンサルタントは、その業界のどこの会社でも漏らさず、外さず、横並びであること、いわば最大公約数を見つけて紙の資料にまとめることが得意だといえます。それが悪いというつもりはありません。企業運営の屋台骨ともいえる業務システムについては、毎年の法改正などによる改修に多くの労力を割かれることなく、あって当然の機能がないなどということがないよう、コンサルタントによる網羅的かつ普遍的な要件定義を参考にして構築するべきでしょう。

しかしながら、見える化や、経営の意思決定を支援する情報系システムは、本来、自社の独自性や差別化要因を戦略に織り込むために活用され、企業の競争力を強化することを目的とするものです。

しかし、自社の業務範囲を網羅した「ＫＰＩツリー」が示されたところで、それらの有用性やシステム的な実現難易度については勘案されていないケースがほとんどでしょう。コンサルティングファームの提案を引き継いでシステム要件定義や設計を担うＳＩｅｒは、その具現化に向けてさまざまな壁に直面することになります。「ＫＰＩ算出に必要な素データがない」、「そもそもビジネスプロセスが存在しない」といった根本的な問題を抱えているケースが多いためです。それでもＳＩｅｒはＤＸの専門家として技術とノウハウを駆使して何とか実現しようとするでしょう。結果、追加開発が多発し、開発は長期化、コストは膨れ上がります。

こうした、ＤＸプロジェクト特有の失敗の構造を認識し、ＤＸを通じて実現したい企業像を最初に打ち立てておくことが非常に重要といえます。

本書は、単なる「べき論」にとどまることなく、当社の実際の経験に裏打ちされた、ＤＸ導入や運用のための実践的な道筋をお伝えすることをねらいとしています。私はあえてこれを、経営トップの方々にこそお読みいただきたいと思っています。プロジェクトの「つまずき」の連鎖を回避するためには、やはり経営トップ自らが、企業運営の大局的な視点に立ってＤＸをとらえ、明確な「目的」を定めるとともに強力なリーダーシップを常に発揮し続けることが欠かせないと考えるからです。

本書を通じて各社がＤＸの成功にたどり着き、ひいては日本の産業・経済・未来全体が明るくなることを切に願っています。

【著者紹介】

グランバレイ株式会社

特定のIT製品やベンダーに依存しない中立的な立ち位置で、顧客に寄り添ったコンサルティングサービスを提供する「データ×経営のスペシャリスト」集団。AIや機械学習、統計解析など、最新のテクノロジーを駆使したデータ分析によって、多数の企業のデータ駆動型経営の実現をサポートしている。2005年の創業以来、SAP導入企業を中心に国内各産業の有力企業の経営管理システム構築に携わる。

鍜治川　修（かじかわ　おさむ）

ERP／BIコンサルタントとして、25年の経験を持つ。大手コンサルティングファームにて、ERP導入や会計関連の業務コンサルティングに従事。その後、BIベンダーを経て、2012年にグランバレイに入社。数多くのBI製品の導入やDX関連のプロジェクトを主導。現在は、大手企業向けにBI／DWH導入の構想策定や要件定義の支援を実施するとともに、データ活用を指南する「BI戦略教導」の一環として、各種導入方法論の策定やその普及活動に力を注いでいる。著書に、本書の前作である『データドリブン経営の不都合な真実』（東洋経済新報社）がある。

データドリブン経営実践バイブル
DXグランドデザインの推進方法論

2024年2月27日発行

著　者——グランバレイ株式会社
著　者——鍜治川　修
発行者——田北浩章
発行所——東洋経済新報社
〒103-8345　東京都中央区日本橋本石町1-2-1
電話＝東洋経済コールセンター　03(6386)1040
https://toyokeizai.net/

本文レイアウト……アイランドコレクション
装　丁……………中村勝紀（TOKYO LAND）
印刷・製本………中央精版印刷株式会社
Printed in Japan　　ISBN 978-4-492-96224-4